Toll gerollt
von Rouladen bis Wraps

Über 100 runde Sachen von klassisch bis trendy

Fotos: Margarete Janssen

Inhaltsverzeichnis

Das Starterpack 4

Typisch gerollt in 4

Aufgerollt & eingewickelt –
Top 18 der Rollmaterialien 6

Spannendes Innenleben –
Top 9 der Füllungen 10

Clever verpackt –
Tipps & Tricks zum Rollen und Wickeln 12

Gerollte Vorspeisen & Snacks 14

Büfett auf Rollen 15

Salate 16
Suppen 22
Asiatisch 24
Mediterran 30
Fingerfood 34
Mariniert & eingelegt 38
Vom Blech 40

Rollen zum Sattessen 46

Viva Mexiko! 47

Mit Nudeln 48
Mit Gemüse 52
Mit Fleisch 56
Vom Blech 62
Saftiger Braten 64
Und dazu Beilagen 66
Mit Geflügel 68
Mit Fisch 72
Sushi 78
Tacos, Wraps & Co. 82
Pfannkuchen & Co. 96

Süße Rollen 100

Was auch die Kehle hinunterrollt 101

Desserts 102
Wiener Mehlspeisen 104
Kekse, Teilchen & Co. 110
Kuchen 118

Register 124
Impressum 128

Titelbild
Das auf dem Umschlag abgebildete Gericht
»Tex-Mex-Wraps« finden Sie auf Seite 91.

3

Typisch gerollt in …

1. Italien

Aus dem Urlaub bestens bekannt: **Involtini Milanese** (Kalbsröllchen, S. 57), mit Speck und Salbei umwickelt und in Weißwein geschmort. Je nach Region auch schon mal in Gorgonzola- oder Mascarponesauce, aber immer aus hauchdünn geklopftem Kalbfleisch. Ebenfalls beliebt: Involtini di fegato – Leberrouladen, gefüllt mit Sardellen und Majoran.

2. Österreich

Bei **Strudel** (S. 107) schwören Kenner auf den von Hand gezogenen Teig – allerdings braucht es dafür etwas Übung: Man rollt den Teig rechteckig aus, greift dann mit dem bemehlten Handrücken darunter und zieht ihn mit der anderen Hand immer von der Teigmitte aus vorsichtig aus, bis er papierdünn ist. Zum Glück gibt es fertigen Strudelteig im Kühlregal!

3. Japan

Algen sind ein Grundbaustein japanischer Ernährung. Sie werden in Massen zu papierdünnen Blättern getrocknet und bilden die Hülle für allerlei **Sushi**-Röllchen (S. 79 f.). Wichtigster Bestandteil der Füllung ist mit Essig versetzter Klebreis und absolut fangfrischer Fisch. Alle Zutaten bekommen Sie im Asienladen oder in gut sortierten Supermärkten.

4. China

Die berühmten **Frühlingsrollen** (S. 27) gehören in ihrer Heimat traditionell zum Frühlingsfest und sind dort eine »Do-it-yourself-Angelegenheit«: Jeder bereitet am Tisch mit Teighüllen, Schweine- und Hühnerfleisch, verschiedenen Gemüsen und Marinaden seine eigenen Rollen zu. Wer aufs Wokken am Tisch steht, kann es genauso machen.

5. Griechenland

Aus dem Urlaub oder von Delikatessentheken wohl bekannt: »Dolmadakia«, **gefüllte Weinblätter** (S. 31). Für die Hülle werden junge Weinblätter mit Essig oder Zitronensaft gesäuert in Salzlake eingelegt und dann mit Hackfleisch (meist vom Lamm), Reis und Minze gefüllt. Sie zählen zu den Vorspeisen, schmecken aber auch prima als Fingerfood zum Wein.

6. Deutschland

Rinderrouladen (S. 58) kennen wir noch aus Omas Küche. Die Grundzutaten: Rindfleisch für Rouladen, Senf, Speck, Zwiebeln, Gewürzgurke, und, wer will, viel saure Sahne für die Sauce. Je nach Region gibt es Salzkartoffeln, Nudeln oder Spätzle dazu. Fast hätten wir sie vergessen – jetzt gibt es sie wieder: In gutbürgerlichen Restaurants oder selbst gerollt.

7. Mexiko

Die **Tortilla** (S. 83 ff.), ein flacher Weizen- oder Maismehlfladen, ist das »Brot Mexikos«. Mit allem Möglichen gefüllt, dient sie oft nur als »Serviette«. Taco heißt die gerollte Version, Enchilada die gerollte und überbackene, und Burrito die angebratene, mit Gemüse oder Fleisch gefüllte Art. Das variable Fast Food gibt es in Mexiko in »Tortillerias« an jeder Straßenecke.

8. Frankreich

Aus der Bretagne stammend, sind **Crêpes** (S. 99) nicht mit Palatschinken (S. 99 u. 105) oder Pfannkuchen zu verwechseln. Die Zutaten sind zwar in etwa dieselben, aber Crêpes sind viel feiner und dünner. Als Edel-Nachspeise: Crêpes Suzette mit Orangenlikör und Cognac flambiert. Gerne in Crêperien und an Straßenständen mit vielerlei Füllungen angeboten.

9. USA

Amerika packt ein. Ob auf der Party oder als Snack, mal heiß oder kalt, im Ganzen oder schräg geteilt: Das neue Fast Food heißt **Wrap** und ist auch bei uns schon ziemlich hip. Wrappen kann man fast alles – von Fleisch über Gemüse bis Obst (S. 90 ff.). Verwendet werden Weizentortillas – fertig aus dem Supermarkt oder frisch aus der Pfanne (S. 83).

Aufgerollt & eingewickelt Top 18 der Rollmaterialien

1. Pfannkuchen

... gibt's von Crêpes bis Pancakes (fast) überall auf der Welt, wobei der Teig mal dicker, mal dünner gerät. Aber immer sind es Fladen aus der Pfanne, die nach Belieben pikant oder süß gefüllt und dann aufgerollt werden. Für spontanen Rollenhunger am besten das doppelte Rezept ausbacken – Pfannkuchen lassen sich einzeln wunderbar einfrieren.

2. Reispapier

... aus Reismehl, Wasser und Salz gibt's im Asienladen von 16 bis 28 cm Ø. Vor dem Füllen in lauwarmem Wasser einweichen (S. 29, 103) oder zwischen feuchten Küchentüchern geschmeidig werden lassen (S. 25). Reispapier ist nicht nur für Frühlingsrollen geeignet – es schmeckt z. B. auch toll mit Ziegenkäse und Kräutern, mit Entenbrust oder Fruchtstücken.

3. Weinblätter

... gibt's in griechischen und türkischen Lebensmittelläden und oft auch schon im Delikatessenregal großer Supermärkte. Sie werden in Salzlake eingelegt im Glas oder Beutel angeboten. Wenn Sie einen Weinstock haben, nehmen Sie im Frühjahr die jungen Blätter. In Griechenland und der Türkei umhüllen sie eine spannend gewürzte Reismasse (S. 31).

4. Bananenblätter

... werden in Thailand zum schonenden Garen z. B. um zarten Fisch gewickelt (S. 74) und dienen in Indonesien als Tellerersatz, der praktischerweise nicht abgespült werden muss, sondern nach dem Essen einfach weggeworfen wird. Man bekommt die großen grünen Blätter, die übrigens auch als Tischdeko klasse aussehen, im Asienladen.

5. Blätterteig

... entsteht durch ein aufwändiges Verfahren: In einen Teig aus Mehl, Wasser und Salz wird immer wieder eine Schicht Butter eingeschlagen – man nennt diesen Vorgang »Tourengeben«. Auf diese Weise entstehen über 100 Teig-Butter-Schichten, die nach dem Backen auf der Zunge zergehen. Ganz einfach im Handling: tiefgekühlter Blätterteig.

6. Wrapteig

... wird eigentlich nicht nach einem »typischen« Rezept angerührt. Meistens werden Weizentortillas verwendet. Die kann man ganz easy selber machen (S. 83) oder mit 20 oder 28 cm Ø fertig kaufen. Auf jeden Fall werden sie vor dem Füllen in einer Pfanne beidseitig kurz erhitzt. Zum Wrappen eignen sich auch Pfannkuchen und Reispapier.

7. Speck und Schinken

... sind ideale Kandidaten für Blitzröllchen: Speck oder Schinken in ca. 4 x 15 cm große Streifen schneiden und einrollen, was beliebt: Würstchen, Käse-, Gemüsestreifen, Gambas oder Trockenobst. Mit Holzspießchen feststecken, ab in den Backofen und im Nu gibt's knuspriges Fingerfood zum Aperitif oder aufs Party-Büfett (S. 32, 36 f.).

8. Cannelloni

... ca. 8 cm lange, dicke Röhrennudeln, sind Namenspatron des Auflaufklassikers aus Italien (S. 49). Sie selbst zu machen ist viel Arbeit – besser, man kauft sie fertig und ohne Vorkochen. Ob mit würziger Tomaten- oder cremiger Béchamelsauce – die Röllchen vor dem Gang in den heißen Ofen gut damit bedecken, damit sie beim Backen nicht austrocknen.

9. Brotteig

... umhüllt gerne Kasseler. 1 kg Brotteig (beim Bäcker vorbestellen) dünn ausrollen. 500 g rohe Bratwurstmasse darauf streichen. 1 1/2 kg mageres Kasseler darauf setzen, mit 2 EL Petersilie bestreuen. Teig umschlagen, die Enden zusammendrücken, mit der Naht nach unten auf ein Blech setzen, mit 1 Eigelb bepinseln und bei 200° ca. 1 1/2 Std. backen.

Aufgerollt & eingewickelt Top 18 der Rollmaterialien

10. Rotkohl

Kräftiges Fleisch, z. B. Ente oder Wild, fühlt sich in der roten Hülle pudelwohl. Den Kohlkopf in kochendem Salzwasser mit 1 Schuss Essig blanchieren, bis sich das oberste Blatt leicht löst. Eiskalt abschrecken (wegen der Farbe) und die großen Blätter vorsichtig ablösen. Harte Rippen flach drücken, das vorgebratene Fleisch einwickeln (S. 71).

11. Auberginen

… sollten länglich und schlank sein. Waschen, putzen und längs in 2–3 mm dicke Scheiben schneiden – am einfachsten mit einer Brotschneidemaschine, sonst mit einem großen, scharfen Messer. Salzen, kurz ziehen lassen, trockentupfen und in heißem Öl von beiden Seiten goldgelb braten. Herausnehmen und auf Küchenkrepp entfetten (S. 55).

12. Lauch

… eignet sich, um z. B. Fischsteaks, vorgebratenes Fleisch oder Schafkäse als Päckchen zu servieren. Von 1 dicken Lauchstange ca. 20 cm abschneiden, die Stange putzen, längs aufschlitzen, waschen, 2–4 Blätter abziehen und in Salzwasser blanchieren. Herausnehmen und gut abtropfen lassen. Den restlichen Lauch als Gemüse zubereiten (S. 77).

13. Weißkohl

… wird nicht nur hier zu Lande gern gewickelt, sondern ist z. B. auch im Orient oder in Spanien sehr beliebt. Den Strunk keilförmig herausschneiden und den Kohlkopf in Salzwasser kochen, bis sich die äußeren Blätter leicht lösen lassen. Herausnehmen, etwas abkühlen lassen, 4–8 Blätter vorsichtig abziehen, ausbreiten und die Rippen flach drücken (S. 53).

14. Zucchini

… sind mittelgroß und ca. 20 cm lang ideal zum Rollen. Waschen, putzen und längs in ca. 2 mm dicke Scheiben schneiden. Damit sie weich werden, in 2 l kochendem Salzwasser blanchieren, eiskalt abschrecken (so behalten sie ihre knackige Farbe) und trockentupfen. Alternativ können Sie die Zucchini wie Auberginen (s. Punkt 11 u. S. 33) anbraten.

15. Salatblätter

Grüner und roter Eichblattsalat, Kopfsalat, Bataviasalat (S. 21) oder Romanasalat, also alle Sorten mit großen Blättern, sind prima geeignet, etwas zu umwickeln – z. B. Gambas, Räucherlachs, Röllchen von Schinken oder kalten Braten, Käse- oder Mangostäbchen. Ein paar Tropfen pikante Sauce dazu, mit Spießchen feststecken – fertig sind die Partyhappen.

16. Mangold

… sollte feste, knackig-grüne Blätter haben. Für 2 Rollen 4 Blätter abtrennen, die harten Stiele herausschneiden und je 2 Blätter verkehrt herum übereinander legen. Mit einer Hackfleisch-Mischung füllen, fest aufrollen und mit Holzspießchen fixieren. Im Backofen mit der Naht nach unten dünsten, restlichen Mangold als Gemüsebeilage dazu bereiten.

17. Paprikaschoten

… waschen, halbieren, entkernen und bei 250° im Ofen backen, bis die Schale Blasen wirft. Keine Sorge, wenn sie verbrannt aussieht – umso leichter lässt sich die Haut lösen. Feucht abgedeckt auskühlen lassen, die Haut abziehen, das Fruchtfleisch mit Frischkäse, Oliven etc. füllen und aufrollen (S. 31).

18. Gurke

… für knackige Häppchen: 1 mittelgroße Salatgurke schälen, längs halbieren und die Kerne herauskratzen. Die entstandene Höhlung mit einer Mischung aus Frischkäse oder Quark und gehackten Oliven, Krabben oder Gemüse füllen. Die Hälften aufeinander setzen, mit Schinken fest umwickeln, in 2–3 cm lange Stücke schneiden, mit Holzspießchen fixieren.

Spannendes Innenleben *Top 9 der Füllungen*

1. Hackfleisch

… ist das Multitalent unter den Füllungen. Für Rezepte, bei denen z. B. gefülltes Gemüse lange im Ofen schmort, müssen Sie es vorher nicht einmal anbraten. Einfach gehackte Zwiebeln, Knoblauchzehen und jede Menge Gewürze und Kräuter dazugeben und mit 1–2 Eiern binden. Ganz fein wird die Hackfleischfüllung, wenn Sie etwas Sahne dazugießen.

2. Zartes Gemüse

… sieht im krossen Speckmantel nicht nur gut aus, es schmeckt auch super. Kenia-Böhnchen, Zuckerschoten, junge Möhrchen, grüne Spargelstangen, Babymais oder Okraschoten stehen ganz oben auf der Gemüsehitliste. In reichlich kochendem Salzwasser kurz blanchieren, abgießen, eiskalt abschrecken, einwickeln und rundherum anbraten.

3. Juliennes

… sind ganz feine Gemüsestreifen, die Sie entweder als Rohkost z. B. mit Schinken umwickelt oder als heißen Snack z. B. in Reispapier gerollt und in Öl frittiert servieren können. Mit einem großen, scharfen Messer lassen sich die ca. 5 cm langen und 2 mm dicken Streifen gut herstellen. Schneller geht's mit einer Julienne-Reibe aus dem Fachhandel.

4. Käsecremes

… setzen Ihrer Fantasie keine Grenzen. Einfach Frischkäse (z. B. Ziegenfrischkäse) glatt rühren und mit fein Gehacktem vermischen: Oliven, getrocknete Tomaten, frische Kräuter, Radieschenwürfel – was immer Ihnen schmeckt. Und wo hinein? Z. B. in Räucherlachsstreifen, Auberginenscheiben oder Salatblätter. Holzspießchen zum Fixieren nicht vergessen!

5. Spinat

… steht ein Mäntelchen auch prima. Frischen oder aufgetauten TK-Blattspinat zugedeckt ca. 5 Min. dünsten, abkühlen lassen, gut ausdrücken und klein hacken. Rosinen und Pinienkerne, Curry und Mangostücke oder Schafkäse und getrocknete Tomaten untermischen und hinein damit z. B. in Blätterteig. Ab in den Ofen und knusperheiß genießen!

6. Gewürzgurken

… solo zu essen ist irgendwie langweilig. Wickeln Sie sie doch einfach ein. Etwa in Bresaola (luftgetrocknetes mageres Rindfleisch), Schinken- oder Käsestreifen oder in Räucherfisch. Jeweils mit 1/2 Radieschen, 1 Cocktailtomate, 1 Silberzwiebel oder 1 Stückchen Apfel auf Holzspießchen stecken – zu einem trockenen Weißwein gerade richtig.

7. Quark

Ob süß oder pikant, kalt oder warm – Quark kuschelt sich gerne in jeden Teig. Der Quark sollte nur nicht zu dünnflüssig sein, sonst rinnt er aus den Teignähten. Die halbfetten und fetten Sorten sind da die beste Wahl. Tipp für heiße Quarkrollen: Besonders luftig wird die Füllung, wenn Sie zum Schluss noch 1–2 sehr steif geschlagene Eiweiße unterheben.

8. Früchte

… sind optimale Rollenfüller für alle Naschkatzen. Die, wenn sie es eilig haben, z. B. mit fertigem Croissantteig aus dem Kühlregal und Apfelmus ganz fix auf ihre Kosten kommen. Auch Pfannkuchen und Crêpes (S. 96/97) schmiegen sich gerne um Fruchtiges: vorher mit Nuss-Nougat-Creme bestrichen und mit gehackten Haselnüssen betreut z. B. um Bananen.

9. Nüsse und Konfitüre

Mit Blätterteig, einer Hand voll Nüssen und fruchtiger Konfitüre haben Sie ruckzuck feine Hörnchen zum Vernaschen gerollt. Nüsse hacken und ohne Fett goldgelb rösten – das verstärkt ihr Aroma. Mit Konfitüre oder auch klein geschnittenen Früchten vermischen und in Teigquadrate von 10 x 10 cm einrollen. Backen – fertig.

Clever verpackt Tipps & Tricks zum Rollen und Wickeln

1. Fleisch klopfen

Das Fleisch für Rinderrouladen gibt es fertig vorbereitet beim Metzger. Kalb- oder Geflügelschnitzel müssen Sie selbst in Form bringen: Legen Sie die Schnitzel zwischen zwei Lagen Frischhaltefolie und klopfen Sie es mit der flachen(!) Seite des Fleischklopfers. Denn die gekerbte Seite zerstört die Fleischfasern, und die Rouladen werden später zäh.

2. Binden

Rouladen oder größere Braten kommen mit Küchengarn in Form, einem festen, hitzebeständigen und farbechten Baumwollfaden. In eine Dressiernadel oder große, stumpfe Stopfnadel eingefädelt, können Sie auch die Fleischnähte damit vernähen. Küchengarn gibt's im Fachhandel, farbechtes Baumwollgarn aus der Nähabteilung geht auch.

3. Feststecken

Kleine Rouladen lassen sich mit Zahnstochern bestens fixieren. Tauchen Sie sie vorher in Öl, dann lassen sie sich aus dem gebratenen Fleisch leichter herausziehen. Bridiernadeln aus Metall sind etwas länger als Zahnstocher und sehr praktisch zum Zusammenstecken von Wirsing- oder Kohlrouladen. Vor dem Servieren entfernen!

4. Gemüse

Längliche Zucchini- oder Auberginenscheiben schneiden Sie entweder mit einem großen, scharfen Messer. Oder Sie nehmen eine Brotschneidemaschine oder einen verstellbaren Gemüse- oder Gurkenhobel: Dann werden erstens die Gemüsescheiben super gleichmäßig, und zweitens sind Ihre Finger vor scharfen Klingen in Sicherheit.

5. Wraps

… kann man auf zwei Arten zusammenrollen: Entweder erst die rechte Seite der Weizentortilla als »Boden« einschlagen und dann von der unteren Seite nach oben hin aufrollen. Oder den Teigfladen bis zur Mitte aufschneiden und zu einer Tüte drehen. Dann am besten eine Serviette als Halter für Füllung und Sauce drum herum schlagen (S. 90 ff.).

6. Cannelloni

Die Zutaten für die Füllung sollten möglichst klein gehackt sein und zu einer geschmeidigen Masse verarbeitet werden. Diese mit einem Teelöffel einzufüllen ist recht mühsam, und meist geht die Hälfte daneben. Füllen Sie den Teig einfach in einen Spritzbeutel oder eine Spitztüte, lassen die Tülle weg und ruckzuck sind die Röllchen gefüllt (S. 49).

7. Sushi

… werden in Algenblätter, »Nori«, gerollt. Diese halbieren und mit der glatten Seite nach unten auf eine »Makisu«, eine spezielle Matte aus dünnen Bambusstäben (Asienladen), oder dickes Pergamentpapier legen. Die Blätter müssen trocken verarbeitet werden, darum nicht mit feuchten Fingern hantieren, sonst kleben sie gleich zusammen (S. 79 f.).

8. Pfannkuchen & Co.

… gelingen in gusseisernen Pfannen sehr gut, weil diese so richtig heiß werden. Beschichtete Pfannen sind aber genauso geeignet. Wichtig ist, dass das Bratfett (z. B. Butter) sehr heiß ist und Sie pro Pfannkuchen wenig Teig so dünn wie möglich in der Pfanne verteilen. Wie das geht, sehen und lesen Sie auf den Seiten 96 und 97.

9. Strudelrollen

Fertig gekaufte Strudelteigblätter sind so dünn, dass sie leicht reißen und schnell austrocknen. Vor dem Auspacken sollte die Füllung darum schon fertig sein. Ein trockenes Küchentuch auslegen, darüber ein feuchtes, darauf den Teig. Füllung darauf verteilen, Ränder einklappen und wie auf den Seiten 106 und 107 rollen. Dort lesen Sie auch, wie Sie den Teig selber machen.

Gerollte Vorspeisen & Snacks

Büfett auf Rollen

Ob gewickelt, gerollt oder eingepackt – rundes Fingerfood lässt sich bequem schnabulieren und ist schon deshalb ein klasse Partykandidat. Der obendrein unglaublich gut schmeckt und für viele »Ahs« und »Ohs« sorgt. Viele der tollen Rollen dieses Kapitels können Sie schon am Vortag oder Stunden vorher zubereiten. Mehr als genug Gründe also, bei der nächsten Party mit allerhand runden Häppchen zu überraschen. Gelungen kombiniert, bringen sie die Party garantiert ins Rollen!

Das Mittelmeer rollt an
Die mediterrane Küche mag so gut wie jeder. Wenn Sie also die Vorlieben Ihrer Gäste nicht so gut kennen – mit Röllchen vom Mittelmeer liegen Sie immer richtig. Kombinieren Sie z. B. knusprige Spargelstangen (S. 42), Speckpflaumen (S. 32), marinierte Zucchinihäppchen (S. 39), Paprikaröllchen (S. 31), gefüllte Weinblätter (S. 31) und italienische Brotkringel (S. 41). Und seien Sie erfinderisch bei den Zutaten: Die Spargelstangen können Sie z. B. in Sellerie- oder Schwarzwurzelstangen verwandeln, die Speckpflaumen in Speckaprikosen oder -datteln und die Zucchinihäppchen in Auberginen- oder Fenchelhäppchen.

Rolle rückwärts
Lange von der Bildfläche verschwunden und jetzt wieder voll da: Büfett-Klassiker wie Lachsröllchen (S. 35) oder Schinkenhörnchen (S. 45). Kringeln sich noch gefüllte Hackröllchen (S. 35), eingelegte Rotweinheringe (S. 39), Sesambonbons (S. 41), Blätterteigrouladen (S. 43) oder Zwiebelschnecken (S. 45) dazu, kann die Retro-Party steigen! Auch hier sind die Zutaten flexibel: In Rotwein fühlen sich z. B. nicht nur Heringe wohl, sondern auch Champignons oder Schalotten.

Let's wrap!
Einfacher geht's kaum: Knusprig aufgebackene Weizentortillas (Fertigprodukt oder Rezept S. 83) und einen bunten Mix aus Zutaten zum Belegen auftischen – und jeder kann nach Lust und Laune wrappen und genießen. Dafür sorgt ein vielfältiges Angebot: Zum Bestreichen der Tortillas dürfen es Ketchup oder Tomatensauce (S. 89), Mayonnaise und Guacamole (S. 89) sein. Darauf kommen gehackte Salatblätter (z. B. Eisberg oder Romana) und geriebener Käse (z. B. Cheddar oder Gouda). Zum Füllen gibt es rohes, klein geschnittenes Gemüse (z. B. Zucchini, Paprika, Champignons, Frühlingszwiebeln, Tomaten), Hülsenfrüchte aus der Dose (z. B. Maiskörner oder Kidneybohnen), Fisch (z. B. Dosenthunfisch oder Räucherlachs) und Fleisch (z. B. Schinkenstreifen, krümelig gebratenes Hackfleisch oder kurz gebratene Fleisch- oder Geflügelstreifen).

Asiatisch gewickelt
Was mit Tortillas funktioniert, geht auch mit Reispapierblättern aus dem Asienladen. So geht die Büfett-Reise nicht nach Mexiko, sondern in Richtung Fernost. Die Reispapierblätter wie auf S. 25 beschrieben unter feuchten Küchentüchern geschmeidig werden lassen und, damit sie während der Asia-Party nicht wieder hart werden, auch mit feuchten Küchentüchern bedeckt auf dem Büfett anrichten. Zum Einwickeln gibt es, was das Herz begehrt: beispielsweise einen bunten Mix aus in feine Streifen geschnittenem Gemüse (Frühlingszwiebeln, Möhren, Paprikaschoten, Chinakohl, Gurke), frische Sojasprossen, Räuchertofu oder marinierten und knusprig gebratenen Tofu in Würfeln, kurz gebratene Schweine- und/oder Putenfiletstreifen und und und. Was nicht fehlen darf: viele Saucen zum Dippen von Sojasauce über Chilisauce (süß oder scharf) bis hin zu Hoisinsauce – alle fertig zu kaufen im Asienladen oder im Asienregal größerer Supermärkte.

Gerollte Vorspeisen & Snacks *Salate*

16

1

2

3

knackig mit Schmelz Eichblattsalat mit Walnuss-Käse-Talern

Für 4 Personen:
Für die Käsetaler:
100 g Doppelrahm-Frischkäse
80 g weicher Rahm-Camembert (55 %)
Salz | Pfeffer | 1 TL Zitronensaft
2–3 EL Walnusskerne
Für das Dressing:
2 EL Weißweinessig
1 geh. TL mittelscharfer Senf
5 EL Sonnenblumenöl | 2 EL Walnussöl
Für den Salat:
1 Eichblattsalat (ca. 200 g)
1/2 Kästchen Gartenkresse
1 EL gehackte Walnusskerne

Zubereitungszeit: ca. 30 Min.
Kühlzeit: ca. 45 Min.
Pro Portion: ca. 435 kcal

1 Für die Käsetaler den Frischkäse in einen tiefen Teller geben. Vom Camembert evtl. mit einem Messer die Haut abschaben, den Camembert zum Frischkäse geben. Beide Käsesorten mit einer Gabel fein zerdrücken und dabei gut vermischen. Mit wenig Salz, Pfeffer und dem Zitronensaft würzen.

2 Die Käsemasse auf ein Stück Alufolie häufen, die Folie darüber schlagen **(Step 1)** und durch Drehen auf der Arbeitsfläche eine Rolle von 2–3 cm Ø formen **(Step 2)**. Fest einwickeln und im Tiefkühlfach 30–45 Min. durchkühlen lassen.

3 Für das Dressing den Essig mit dem Senf, Salz und Pfeffer gründlich verrühren, dann beide Ölsorten mit dem Schneebesen nach und nach unterschlagen.

4 Den Salat putzen, waschen und gründlich trockenschleudern. Die Salatblätter in mundgerechte Stücke zupfen. Die ganzen Walnusskerne für die Käsetaler im Mixer grob mahlen.

5 Die grob gemahlenen Walnüsse auf der Arbeitsfläche verteilen. Die Käserolle aus der Alufolie wickeln und vorsichtig darin wälzen **(Step 3)**. Die Rolle sofort in knapp 1 cm breite Scheiben schneiden.

6 Den Eichblattsalat in dem Dressing wenden und auf vier Teller verteilen. Die Käsetaler auf den Salat oder daneben legen. Die Kresse abbrausen und mit einer Küchenschere vom Beet schneiden. Mit den gehackten Walnusskernen über den Salat streuen.

Tauschbörse

Keine Walnusskerne im Vorrat? Dann wälzen Sie die Käserolle einfach in **geriebenen Haselnüssen**. Oder in **Sesamsamen** – auch damit schmecken die Taler unglaublich gut: 3–4 EL geschälte Sesamsamen in einer kleinen beschichteten Pfanne ohne Fett unter Rühren goldbraun rösten. Vom Herd nehmen und abkühlen lassen. 2–3 EL davon auf der Arbeitsfläche verteilen und die Käserolle vorsichtig darin wälzen. Den Rest zum Garnieren nehmen. Für die geschmackliche Ausgewogenheit bereiten Sie das Dressing dann nicht mit Walnussöl, sondern mit **Sesam-Würzöl** (Asienladen oder Reformhaus) zu. Nehmen Sie nur 1 EL davon, denn Sesam-Würzöl schmeckt sehr intensiv.
Wenn Sie nicht nur Geschmacks-, sondern auch Farbakzente setzen möchten, wälzen Sie die Rolle in **Schnittlauchröllchen,** in fein gehackter **Petersilie** oder in mildem **Paprikapulver.**

Kugel-Variante

Aus der durchgekühlten Käsemasse können Sie natürlich auch **Kugeln** formen: Dazu mit einem Teelöffel kleine Nocken abstechen, diese zu Kugeln drehen und in den grob gemahlenen Walnüssen, gerösteten Sesamsamen, geriebenen Haselnüssen, Schnittlauchröllchen oder in mildem Paprikapulver (s. Tauschbörse) wälzen.

Gerollte Vorspeisen & Snacks   *Salate*

aus dem Libanon Tomatensalat

(im Bild hinten)

Für 4 Personen:
Für das Dressing:
11 Zweige frische Minze
3 EL gehackte Walnusskerne
4 EL Olivenöl | 4 EL Zitronensaft
1 Prise Cayennepfeffer
1 knapper TL Honig | Salz | Pfeffer
Für den Salat:
**4 dünne arabische Fladenbrote
(ersatzweise Weizentortillas;
Fertigprodukt oder Rezept S. 83)**
1/3 Salatgurke
1 grüne Paprikaschote
4 Fleischtomaten | 12 schwarze Oliven
4 Salatblätter (z. B. Romanasalat)
80 g Schafkäse (Feta)

Zubereitungszeit: ca. 30 Min.
Pro Portion: ca. 545 kcal

1 Die Minze waschen und trockenschütteln, die Blättchen abzupfen. Zwei Drittel klein schneiden, den Rest beiseite legen. Minze, Walnüsse, Öl, Zitronensaft, Cayenne und Honig mit dem Pürierstab pürieren, salzen und pfeffern.

2 Die Fladenbrote in einer beschichteten Pfanne bei schwacher Hitze erwärmen. Inzwischen Gurke, Paprika und Tomaten waschen. Die Gurke schälen, die Paprika putzen. Beides klein würfeln, unter die Sauce rühren.

3 Die Tomaten halbieren und in Scheiben schneiden, dabei die Stielansätze entfernen. Die Tomaten auf vier Teller verteilen, salzen und pfeffern. Restliche Minzeblätter zwischen die Tomaten stecken. Die Walnuss-Gemüse-Sauce darüber verteilen, mit den Oliven garnieren.

4 Den Salat waschen und trockenschütteln. Den Schafkäse zerbröckeln. Die Fladenbrote mit den Salatblättern und dem Käse belegen, aufrollen und schräg in der Mitte durchschneiden. Jeweils zwei Brotrollen neben dem Salat anrichten.

kräuterwürzig Bohnensalat mit Matjes

(im Bild vorne)

Für 4 Personen:
4 küchenfertige Matjesfilets (je ca. 100 g)
1/8 l Milch | 750 g junge Brechbohnen
1 Bund Bohnenkraut | Salz
2 kleine Zwiebeln | 2 EL Sherryessig | Pfeffer
1 Prise Cayennepfeffer | 4 EL Walnussöl
1/2 Bund glatte Petersilie
3 Zweige Zitronenmelisse

Zubereitungszeit: ca. 40 Min.
Zeit zum Wässern: 2 Std.
Pro Portion: ca. 485 kcal

1 Die Matjesfilets 1 1/2 Std. wässern, dabei das Wasser mehrmals wechseln. Die Filets danach 30 Min. in die Milch legen.

2 Die Bohnen waschen, Stielenden abknipsen. Große Bohnen quer halbieren. Die Bohnen mit dem Bohnenkraut und etwas Salz in reichlich kochendem Wasser zugedeckt 20 Min. garen. Abgießen, abtropfen und abkühlen lassen.

3 Inzwischen die Zwiebeln schälen und klein würfeln. Den Essig mit etwas Salz, Pfeffer und dem Cayennepfeffer verrühren, dann nach und nach das Öl unterschlagen. Die Marinade mit den Zwiebeln unter die Bohnen mischen.

4 Die Kräuter waschen und trockenschütteln, die Blättchen fein hacken. Die Matjesfilets trockentupfen, längs halbieren und aufrollen. Jeweils zwei Matjesröllchen auf einem Teller anrichten, den Bohnensalat daneben verteilen. Mit den Kräutern bestreuen.

Gerollte Vorspeisen & Snacks Salate

spannender Aromenmix Radicchiosalat mit Lachs

Für 4 Personen:
2 EL Zitronensaft
Salz | Pfeffer
4 EL Olivenöl | 1/2 Salatgurke
100 g Radicchio
1/2 Kopf Eichblattsalat
1 Bund Sauerampfer
   (ersatzweise Rucola)
150 g Cocktailtomaten
4 Scheiben Toastbrot
8 Scheiben Räucherlachs
einige Schnittlauchhalme

Zubereitungszeit: ca. 20 Min.
Pro Portion: ca. 385 kcal

1 Für das Dressing Zitronensaft mit Salz und Pfeffer verrühren, nach und nach das Öl unterschlagen. Gurke schälen, längs halbieren und mit dem Sparschäler in Streifen abschälen. Gurkenstreifen unter das Dressing mischen.

2 Salate putzen und in Blätter zerteilen, diese waschen und trockenschleudern. Sauerampfer verlesen, die Stiele abschneiden. Die Blätter waschen und trockenschütteln. Je ca. 10 Blätter einrollen und in 1–2 cm breite Streifen schneiden. Tomaten waschen und halbieren. Das Brot toasten und in kleine Dreiecke schneiden. Die Lachsscheiben einrollen und quer in ca. 2 cm dicke Röllchen schneiden.

3 Die Gurke aus dem Dressing heben. Die Salatblätter durch die Sauce ziehen und auf vier Teller verteilen. Die Gurke zurück in das Dressing geben und mit Sauerampfer und Tomaten vermischen. Auf dem Salat verteilen. Mit Lachsröllchen, Toast und Schnittlauch garnieren.

einfach edel Batavia-Fisch-Röllchen

Für 4 Personen:
1 großer Kopf Bataviasalat
1 Tomate
1 Schalotte
Saft von 2 Limetten
1 EL Olivenöl
1 EL Dijon-Senf
Salz | Pfeffer
1 Prise frisch geriebene Muskatnuss
400 g Wolfsbarschfilet
   (vom Fischhändler entgräten und in 16
   breite, dünne Scheiben schneiden lassen)
1 Bund Basilikum

Zubereitungszeit: ca. 40 Min.
Pro Portion: ca. 135 kcal

1 16 große Salatblätter vom Strunk lösen, waschen und trockenschleudern. Die Tomate waschen und vierteln, dabei Stielansatz und Kerne entfernen. Die Tomate klein würfeln. Die Schalotte schälen und ebenfalls klein würfeln.

2 Für die Marinade den Limettensaft, das Olivenöl, den Senf und die Schalottenwürfel verrühren und mit Salz, Pfeffer und Muskat würzen. Über die Fischscheiben gießen und zugedeckt ca. 5 Min. marinieren. Das Basilikum waschen und trockenschütteln, die Blättchen abzupfen.

3 In einem Topf reichlich Wasser aufkochen und die Salatblätter darin ca. 5 Sek. blanchieren. Herausnehmen, auf die Arbeitsfläche legen und gründlich trockentupfen. In jedes Salatblatt 1 Fischscheibe und 1 Basilikumblatt einrollen.

4 Jeweils 4 Salat-Fisch-Röllchen auf einen Teller legen und mit Tomatenwürfeln und dem übrigen Basilikum dekorieren.

21

Gerollte Vorspeisen & Snacks *Suppen*

für viele Suppenfans Tomatensuppe mit Mascarpone

Für 6 Personen:
Für die Flädle:
50 g Hirseflocken (Reformhaus)
100 ml Milch | 1 Ei
1/2 Bund gemischte Kräuter
   (z. B. Petersilie, Schnittlauch, Basilikum)
Salz | 1 EL Butterschmalz
150 g Mascarpone
Für die Suppe:
1 Möhre | 1 Stange Staudensellerie
1 mittelgroße Zwiebel
1 Knoblauchzehe
2 EL Olivenöl | 3/4 l Gemüsebrühe (Instant)
750 g reife Tomaten | Pfeffer
1 Zweig frischer Thymian
   (oder 1/2 TL getrockneter)
3 EL Marsala (Dessertwein)

Zubereitungszeit: ca. 1 Std.
Ruhezeit: 45 Min.
Pro Portion: ca. 275 kcal

1 Für die Flädle die Hirseflocken mit der Milch anrühren, das Ei dazugeben. Die Kräuter waschen und trockenschütteln, die Blättchen abzupfen, fein hacken und in den Flädleteig rühren. Leicht salzen und zugedeckt 45 Min. quellen lassen.

2 Inzwischen für die Suppe die Möhre putzen, schälen und klein würfeln. Den Staudensellerie waschen und putzen, längs in Streifen und diese quer in Würfel schneiden. Die Zwiebel schälen und ebenfalls klein würfeln. Den Knoblauch schälen.

3 Das Olivenöl in einem großen Topf erhitzen und die Zwiebel darin bei mittlerer Hitze glasig braten. Dann die Gemüsewürfel dazugeben und mitbraten. Den Knoblauch dazupressen. Die Gemüsebrühe angießen und alles zugedeckt bei schwacher Hitze ganz leise kochen lassen.

4 Von den Tomaten die Stielansätze entfernen. Die Tomaten mit kochendem Wasser kurz überbrühen und häuten, dann quer halbieren, die Kerne herauskratzen. Das Fruchtfleisch in Würfel schneiden und zur Suppe geben. Die Suppe mit Salz und Pfeffer würzen.

5 Den Thymian waschen und trockenschütteln, die Blättchen abzupfen und mit dem Marsala in die Suppe geben. Die Suppe ca. 30 Min. leise kochen lassen.

6 Inzwischen den Flädleteig kräftig durchrühren. Evtl. noch etwas Wasser dazugeben, der Teig soll recht dünnflüssig sein. 1/2 EL Butterschmalz in einer großen beschichteten Pfanne erhitzen, aus der Hälfte des Teiges einen dünnen Pfannkuchen backen, auf Küchenpapier entfetten. Mit dem übrigen Butterschmalz und dem restlichen Teig einen zweiten Pfannkuchen backen.

7 Die Pfannkuchen mit ca. 50 g Mascarpone bestreichen, leicht salzen, nicht zu fest aufrollen und abkühlen lassen. Mit einem scharfen Messer quer in dünne Scheiben schneiden.

8 Die Suppe im Topf mit dem Pürierstab pürieren. Den restlichen Mascarpone mit 1 Prise Salz glatt rühren. Die Suppe auf sechs Teller verteilen, die Pfannkuchenscheiben vorsichtig darauf setzen und jeweils einen Klecks Mascarpone in die Mitte setzen.

Tauschbörse
Wenn der Sommer und damit die Zeit vollreifer, aromatischer Tomaten vorbei ist, lassen Sie lieber die Finger von wässriger Treibhausware. Bereiten Sie die Suppe mit geschälten ganzen oder stückigen **Dosentomaten** oder mit **passierten Tomaten** aus dem Tetrapack zu. Sie haben geschmacklich viel zu bieten, weil sie vollreif geerntet und verarbeitet werden.

Gerollte Vorspeisen & Snacks *asiatisch*

vegetarisch leicht Reisblätter mit Tofu-Gemüse-Füllung

Für 4 Personen:
8 Reispapierblätter von ca. 22 cm Ø (Asienladen)
250 g Tofu | Salz | Pfeffer | 2 1/2 EL Sojaöl
100 g Champignons | 1 EL Zitronensaft
150 g Feldsalat | 1/2 rote Paprikaschote
1 Bund glatte Petersilie
300 g vollreife Tomaten | 1/2 EL Rotweinessig
1 Prise Zucker | 2 EL ungesalzene Erdnusskerne

Zubereitungszeit: ca. 1 Std.
Pro Portion: ca. 200 kcal

1 Vier größere Küchentücher kurz in kaltes Wasser legen und auswringen. Zwei Tücher auf der Arbeitsfläche ausbreiten. Jeweils 2 Reisblätter aufeinander legen, auf die Tücher geben und mit den restlichen Tüchern bedecken. Die Blätter ruhen lassen, damit sie geschmeidig werden.

2 Inzwischen den Tofu abtropfen lassen, in kleine längliche Stücke schneiden und mit Salz und Pfeffer würzen. 2 EL Öl in einer beschichteten Pfanne erhitzen und den Tofu darin bei mittlerer Hitze von allen Seiten knusprig braun braten. Abkühlen lassen.

3 Inzwischen die Pilze trocken abreiben und in dünne Stifte schneiden. Sofort mit dem Zitronensaft mischen.

4 Den Feldsalat gründlich waschen, trockenschleudern und in die einzelnen Blätter zerteilen. Die Paprika waschen, putzen und in schmale Streifen schneiden. Die Petersilie waschen und trockenschütteln, die Blättchen abzupfen und fein hacken.

5 Für die Sauce die Tomaten waschen und klein würfeln, dabei die Stielansätze entfernen. Die Tomaten mit dem Pürierstab fein pürieren, dann mit dem Essig und dem restlichen Sojaöl mischen und mit Salz, Pfeffer und dem Zucker würzen. Die Erdnüsse fein hacken und unter das Tomatenpüree mischen.

6 Die Reispapierblätter einzeln auf der Arbeitsfläche ausbreiten. Den Salat, das Gemüse, den Tofu und die Petersilie dekorativ in Längsrichtung in der Mitte der Blätter anrichten. Die Reispapierblätter an zwei Seiten über der Füllung etwas nach innen klappen. Die Ränder mit kaltem Wasser bestreichen und die Blätter von der Längsseite her aufrollen. Die Rollen mit der Tomaten-Erdnuss-Sauce servieren.

Blitzvariante

Statt in Tomaten-Erdnuss-Sauce können Sie die Reispapierrollen auch in **Hoisinsauce** (Fertigprodukt) dippen. Die dickflüssige asiatische Würzsauce aus Sojasauce, Chilischoten, Zucker und Salz bekommen Sie in jedem Asienladen oder im Asienregal großer Supermärkte. Ihr süßlich-scharfes Aroma passt gut zu Erdnüssen – bestreuen Sie die Hoisinsauce also wie die Tomatensauce mit den gehackten Kernen.

Clever *genießen!*

__Tofu__ steht im Verruf, mehr oder weniger geschmacksneutral zu sein. Das ist zwar nicht ganz von der Hand zu weisen, doch mit ein, zwei Tricks lässt sich der »Sojaquark« geschmacklich ordentlich aufladen: Wenn Sie ihn beispielsweise einfrieren, entstehen im Tofu viele kleine Löcher, durch die nach dem Auftauen der würzige Geschmack einer Marinade dringen kann. Die können Sie etwa aus 3 EL Gemüsebrühe (Instant), 2 EL Sojasauce, 1–2 Msp. milder oder scharfer Currypaste (Asienladen) oder 1–2 fein gehackten Knoblauchzehen zusammenrühren. Die Tofuwürfel darin 1–2 Std. marinieren, abtropfen lassen und wie beschrieben braten.

Gerollte Vorspeisen & Snacks *asiatisch*

1

2

3

»der« Asia-Klassiker Chinesische Frühlingsrollen

Für 4–6 Personen:
5 getrocknete Mu-Err-Pilze
20 TK-Frühlingsrollenblätter
1 EL dunkle Sojasauce | 2 EL helle Sojasauce
1 TL Reiswein | 1 Prise Fünf-Gewürz-Pulver
1 TL Speisestärke | 200 g mageres Schweinefleisch | Salz | Zucker | Pfeffer
100 g gegarte geschälte Garnelen
3 Blätter Chinakohl | 200 g Möhren
50 g Bambussprossen (Dose)
50 g Sojasprossen | 1 Frühlingszwiebel
10 g Glasnudeln
Außerdem:
1 l neutrales Pflanzenöl zum Frittieren
süße Chilisauce (Fertigprodukt) zum Dippen

Zubereitungszeit: ca. 1 Std. 30 Min.
Bei 6 Personen pro Portion: ca. 60 kcal

1 Die Mu-Err-Pilze in lauwarmem Wasser ca. 10 Min. einweichen. Die Frühlingsrollenblätter mit einem Küchentuch bedeckt auftauen lassen.

2 Inzwischen je 1 TL dunkle und helle Sojasauce, den Reiswein, das Fünf-Gewürz-Pulver und die Speisestärke zu einer Marinade verrühren. Das Schweinefleisch in feine Streifen schneiden und in der Marinade ca. 10 Min. marinieren.

3 1 TL helle Sojasauce, etwas Salz, Zucker und Pfeffer verrühren. Die Garnelen grob hacken und in der Mischung ca. 5 Min. marinieren.

4 Chinakohlblätter waschen, trockentupfen, in dünne Streifen schneiden. Möhren putzen, schälen und in dünne Stifte schneiden. Bambussprossen ebenfalls in dünne Stifte schneiden. Sojasprossen waschen und abtropfen lassen. Frühlingszwiebel putzen, waschen und klein würfeln.

5 Glasnudeln mit heißem Wasser übergießen, abtropfen lassen und mit der Küchenschere kleiner schneiden. Die Pilze kalt abspülen, holzige Stellen entfernen, dann in feine Streifen schneiden.

6 Ca. 2 EL Öl im Wok stark erhitzen, die Frühlingszwiebeln darin glasig braten. Das Fleisch samt Marinade unter Rühren ca. 1/2 Min. mitbraten. Alle übrigen Zutaten einrühren und unter ständigem Rühren ca. 5 Min. braten. Mit Salz und Pfeffer würzen und abkühlen lassen.

7 Die Teigblätter ausbreiten, den oberen Rand mit Wasser bestreichen. Jeweils 2 EL Füllung unten auf ein Teigblatt geben **(Step 1)**. Das Blattunterteil über die Füllung schlagen **(Step 2)**. Die Seiten nach innen klappen und das Blatt aufrollen **(Step 3)**, die Naht festdrücken.

8 Restliches Öl im Wok erhitzen. Es ist heiß genug, wenn an einem eingetauchten Holzlöffelstiel kleine Bläschen aufsteigen. Die Frühlingsrollen in dem heißen Öl portionsweise goldbraun frittieren. Auf Küchenpapier entfetten und sofort servieren. Süße Chilisauce zum Dippen dazureichen.

Blitzvariante

Was in den knusprigen Röllchen steckt, können Sie nach Lust und Laune variieren. Wenn's mal **schneller** gehen muss: 200 g Fisch- oder Hähnchenbrustfilet kalt abspülen und trockentupfen. 250 g Sojasprossen und 150 g Blattspinat waschen und ebenfalls abtropfen lassen. Fisch- oder Hähnchenbrustfilet, Sprossen und Spinat klein schneiden. 25 g Glasnudeln mit heißem Wasser übergießen, abtropfen lassen und mit der Küchenschere kleiner schneiden. 1 walnussgroßes Stück frischen Ingwer schälen und klein würfeln. 1 EL Öl erhitzen und alle Zutaten darin unter Rühren ca. 5 Min. anbraten. 2 EL Schnittlauchröllchen, 1–2 EL helle Sojasauce und 1 EL Sesam-Würzöl unterrühren. Die Frühlingsrollenblätter wie beschrieben mit der etwas abgekühlten Füllung belegen, aufrollen und frittieren.

Gerollte Vorspeisen & Snacks *asiatisch*

knusprig und crossover **Puten-Sum mit süß-saurer Sauce**

Für 4 Personen:
Für die Sauce:
1 walnussgroßes Stück frischer Ingwer
2 Knoblauchzehen | 2 frische rote Chilischoten
4 Zweige Koriandergrün | 6 EL Sojasauce
3 EL Weißweinessig | 3 TL brauner Rohrzucker
Für die Puten-Sum:
150 g Putenbrustfilet | 30 g Glasnudeln
100 g getrocknete Tomaten in Öl
1 Frühlingszwiebel | 1 Bund Schnittlauch
1/2 TL getrockneter Oregano | 2 EL Olivenöl
Salz | Pfeffer | 3 EL Austernsauce
20 kleine Reispapierblätter von ca. 18 cm Ø (Asienladen)
Außerdem:
3/4 l neutrales Pflanzenöl zum Frittieren

Zubereitungszeit: ca. 1 Std. 15 Min.
Pro Portion: ca. 425 kcal

1 Für die Sauce den Ingwer und den Knoblauch schälen und sehr fein hacken. Die Chilischoten waschen, längs aufschneiden, entkernen und in dünne Streifen schneiden. Den Koriander waschen und trockenschütteln, die Blättchen abzupfen und grob hacken.

2 Die Sojasauce mit dem Essig und dem Zucker verrühren. Ingwer, Knoblauch, Chilis und Koriander unterrühren. Die Sauce kühl stellen.

3 Das Putenfleisch kalt abspülen, trockentupfen und in feine Streifen schneiden. Die Glasnudeln mit heißem Wasser übergießen. Die Tomaten abtropfen lassen und klein würfeln. Die Frühlingszwiebel putzen, waschen und in feine Streifen schneiden. Den Schnittlauch waschen, trockenschütteln und in Röllchen schneiden.

4 Die Glasnudeln abtropfen lassen und mit der Küchenschere etwas kleiner schneiden. Mit dem Putenfleisch, den Tomaten, den Frühlingszwiebeln, dem Schnittlauch, dem Oregano und dem Olivenöl gut mischen. Mit Salz, Pfeffer und der Austernsauce würzen.

5 Die Reispapierblätter jeweils einzeln ca. 1 Min. in lauwarmes Wasser legen, bis sie weich sind. Dann vorsichtig auf einem Küchentuch ausbreiten und trockentupfen.

6 Jeweils etwas Füllung in der Mitte der Reisblätter verteilen. Die Blätter an zwei Seiten über der Füllung etwas nach innen klappen. Die Ränder mit kaltem Wasser bestreichen und die Blätter von der Längsseite her aufrollen.

7 Das Öl im Wok erhitzen. Es ist heiß genug, wenn an einem hineingehaltenen Holzlöffelstiel kleine Bläschen aufsteigen. Die Röllchen in dem Öl portionsweise in 4–5 Min. goldbraun frittieren. Auf Küchenpapier entfetten und mit der Sauce servieren.

Dipvariante
Wenn Sie nicht nur die Geschmacksrichtung süß-sauer, sondern zusätzlich auch den Schärfekick lieben, dippen Sie die Puten-Sum in eine **thailändische süß-sauer-scharfe Sauce:** Für 4 Portionen 1/2 rote Paprikaschote putzen und waschen. 1 Knoblauchzehe schälen, 2 frische rote Chilischoten von den Stielen befreien und waschen. Paprika, Knoblauch und Chilis im Mörser zerstoßen und die Paste in einen Topf geben. Ca. 1/4 l Wasser, 10 EL Reisessig oder milden Weinessig und 10 EL Zucker dazugeben. Alles einmal aufkochen und bei mittlerer Hitze offen ca. 30 Min. kochen lassen, bis die Sauce leicht sämig geworden ist. Nach Belieben noch gehackte Erdnüsse oder hauchdünne Scheiben von 1 geschälten und längs geviertelten Salatgurke untermischen.

Gerollte Vorspeisen & Snacks *mediterran*

30

griechischer Wein mal anders **Gefüllte Weinblätter**

(im Bild hinten)

Für 4 Personen:
*200 g Weinblätter in Salzlake / 3 Schalotten
3 EL Olivenöl / ca. 140 g Langkornreis / Salz
2 getrocknete Chilischoten / 1 EL Koriandersamen
1 TL schwarze Pfefferkörner
je 1 Bund Dill und Petersilie
350 g Joghurt (3,5 % Fett) / 150 g Schmand
1 TL Kreuzkümmelsamen / 3 Knoblauchzehen
1/2 TL grobes Meersalz*

Zubereitungszeit: ca. 1 Std. 45 Min.
Pro Portion: ca. 380 kcal

1 Die Weinblätter heiß waschen und abtropfen lassen. 20 Stück beiseite legen. Die Schalotten schälen, fein würfeln und in dem Olivenöl glasig braten. Den Reis dazugeben und kurz anbraten. 150 ml Salzwasser angießen. Alles zugedeckt bei schwacher Hitze ca. 10 Min. garen.

2 Chilis, Koriander und Pfeffer im Mörser zerstoßen. Dill und Petersilie waschen und trockenschütteln, die Blättchen fein hacken. Reis, Gewürze, Dill und die Hälfte der Petersilie verrühren. Je 1 TL Reis auf ein Weinblatt setzen, die unteren Blattränder darüber klappen, die Seiten einschlagen und die Blätter zur Spitze aufrollen.

3 Einen Schmortopf mit den restlichen Weinblättern auslegen, die Röllchen dicht an dicht hineinsetzen (evtl. zwei Lagen). Knapp mit Wasser bedecken, einen passenden Teller darauf legen. Die Röllchen fest zugedeckt bei schwacher Hitze ca. 45 Min. garen, im Topf etwas abkühlen lassen.

4 Joghurt und Schmand verrühren. Den Kreuzkümmel im Mörser zerstoßen. Knoblauch schälen, würfeln und mit dem Salz im Mörser zerstampfen. Mit restlicher Petersilie unter den Joghurt rühren. Zu den Weinblättern servieren.

sommerlich **Paprikaröllchen**

(im Bild vorne)

Für 4–6 Personen:
*je 2 rote und grüne Paprikaschoten (400 g)
125 g Schafkäse (Feta)
100 g Doppelrahm-Frischkäse
1 Knoblauchzehe
je 1/2 Bund Dill und Petersilie
Salz / Pfeffer
5 EL Zitronensaft
5 EL Olivenöl
50 g entsteinte schwarze Oliven
4–5 EL Basilikumblätter*

Zubereitungszeit: ca. 1 Std.
Backzeit: ca. 25 Min.
Kühlzeit: 1 Std.
Bei 6 Personen pro Portion: ca. 195 kcal

1 Den Backofen auf 250° (Umluft 220°) vorheizen. Die Paprika waschen, längs halbieren und putzen. Die Hälften mit der Haut nach oben auf Alufolie auf den Backofenrost legen. Im heißen Ofen (Mitte) 20–25 Min. backen, bis die Haut Blasen wirft und leicht schwarz wird. Die Paprika unter einem feuchten Tuch abkühlen lassen, dann die Haut abziehen.

2 Den Schafkäse zerdrücken, Frischkäse gut unterrühren. Knoblauch schälen und dazupressen. Die Kräuter waschen und trockenschütteln, die Blättchen fein hacken und unterrühren. Mit Salz, Pfeffer und 1 EL Zitronensaft würzen. Auf den Paprikahälften jeweils 1 EL Käsemasse verteilen und glatt streichen. Die Paprika aufrollen und die Röllchen zugedeckt 1 Std. kalt stellen.

3 Die Röllchen in 1 cm dicke Scheiben schneiden, auf Tellern anrichten. Restlichen Zitronensaft mit Salz und Pfeffer verrühren, das Öl nach und nach unterschlagen. Über die Röllchen träufeln. Die Oliven fein hacken und die Basilikumblätter darüber streuen.

Gerollte Vorspeisen & Snacks *mediterran*

Tapa-Klassiker aus Spanien **Speckpflaumen**

Für 4 Personen:
300 g durchwachsener Räucherspeck in dünnen Scheiben
300 g weiche Dörrpflaumen ohne Stein | Pfeffer
Außerdem:
Holzspießchen zum Feststecken

Zubereitungszeit: ca. 25 Min.
Pro Portion: ca. 630 kcal

1 Von den Speckscheiben mit einem scharfen Messer die Schwarte entfernen. Scheiben halbieren oder dritteln und je 1 Stück um 1 Dörrpflaume wickeln und mit einem Holzspießchen befestigen, das gleichzeitig zum Anfassen dient.

2 Die Speckpflaumen in einer großen beschichteten Pfanne ohne Fett rundum knusprig ausbraten. Mit Pfeffer würzen und heiß servieren.

Tauschbörse

Auch **getrocknete Aprikosen** können fruchtiger Kern knuspriger Speckröllchen sein. Für 4 Portionen 1 getrocknete Chilischote mit 2 Wacholderbeeren im Mörser zerreiben. Mit 1 l heißem Wasser und 2 EL Zitronensaft mischen und 300 g getrocknete Aprikosen darin 2 Std. einweichen. Wie beschrieben in den Speck einrollen und braten.

Clever *genießen!*

*Reichen Sie zu den Speckpflaumen zusätzlich Manchego (spanischen Schafkäse), Chorizo (spanische Paprikawurst), Salzmandeln und Oliven – und schon haben Sie eine kleine **Tapas-Tafel** beieinander. Diese runden Sie mit kaltem trockenem Sherry (Fino) oder spanischem Sekt (Cava) »flüssig« perfekt ab.*

bequem vorzubereiten ## Zucchini mit Tomatenvinaigrette

Für 4 Personen:
2–3 mittelgroße Zucchini (ca. 400 g)
4 EL Sonnenblumenöl
100 ml Geflügelbrühe (Instant)
300 g Lachsfilet | 2 TL Zitronensaft
8 kleine Dillzweige
Salz | Pfeffer | 2 EL Sherryessig
1 TL scharfer Senf (Dijon)
1/2 TL Honig | 2 vollreife Tomaten

Zubereitungszeit: ca. 35 Min.
Marinierzeit: 1 Std.
Pro Portion: ca. 315 kcal

1 Zucchini waschen und putzen. Der Länge nach mit dem Sparschäler ca. 2 cm breite Streifen abziehen. Streifen, die nur aus Schale bestehen, wegwerfen. Die Zucchinistreifen in 1 EL Öl bei mittlerer Hitze rundum kurz anbraten. 50 ml Brühe angießen, die Zucchini bei schwacher Hitze ca. 5 Min. dünsten. Herausnehmen, abtropfen lassen und beiseite stellen. Die Brühe aufheben.

2 Lachs in 8 dünne Scheiben schneiden. Diese mit Zitronensaft beträufeln, mit je 1 Dillzweig belegen, salzen, pfeffern und der Länge nach zusammenklappen. In eine Pfanne geben. Restliche Brühe und Zucchinibrühe dazugeben, zugedeckt bei schwacher Hitze 2–3 Min. garen. Herausnehmen, mit den Zucchinistreifen umwickeln, in eine flache Schüssel legen.

3 Garflüssigkeit, Essig, Senf, Honig, Salz, Pfeffer und restliches Öl zu einer Vinaigrette verrühren. Die Tomaten waschen, entkernen und sehr klein würfeln, dabei die Stielansätze entfernen. Die Zucchiniröllchen mit der Vinaigrette begießen, mit den Tomaten bestreuen und zugedeckt 1 Std. marinieren.

Gerollte Vorspeisen & Snacks *Fingerfood*

34

Klassiker auf Abwegen Gefüllte Lachsröllchen

(im Bild vorne)

Für 4 Personen:
50 g Alfalfasprossen
3 EL Sahnemeerrettich (aus dem Glas)
1 TL Zitronensaft | 2 Prisen Cayennepfeffer
150 g Räucherlachs in Scheiben | 1/2 Bund Dill
1 Packung gewölbte Paprika-Kartoffelchips

Zubereitungszeit: ca. 20 Min.
Pro Portion: ca. 345 kcal

1 Die Sprossen waschen, abtropfen lassen und in einer Schüssel mit dem Meerrettich und dem Zitronensaft vermischen. Mit dem Cayennepfeffer würzen.

2 Die Lachsscheiben in ca. 3 cm breite Streifen schneiden. Auf jeden Lachsstreifen mit einem Teelöffel etwas Füllung geben und vorsichtig aufrollen. Die Lachsröllchen bis zum Servieren kalt stellen.

3 Den Dill waschen und trockenschütteln, die Dillspitzen abschneiden. Die geschlossene Seite der Lachsröllchen mit den Dillspitzen garnieren. Die Chips auf einer Platte ausbreiten und erst unmittelbar vor dem Servieren die Lachsröllchen hineinlegen. (Liegen sie zulange darin, weichen die Chips durch.)

Klassische Variante

Für Ihre Retro-Party liegen Sie mit diesem **Klassiker unter den Lachsröllchen** richtig: Für 4 Portionen 1 kleinen säuerlichen Apfel schälen und vierteln, dabei das Kerngehäuse entfernen. 1 hart gekochtes Ei pellen. Den Apfel und das Ei mit 30 g geriebenem Meerrettich (aus dem Glas), 1 EL Zitronensaft, 1 EL Öl und 5 EL Sahne im elektrischen Mixer oder mit dem Pürierstab fein pürieren. Mit Salz und Zucker würzen. 8 Scheiben Räucherlachs mit der Creme bestreichen und aufrollen. Einige Blätter Eichblattsalat waschen und trockentupfen. 1 unbehandelte Zitrone vierteln, die Viertel quer in Scheibchen schneiden. 1–2 Zweige Dill waschen und trockenschütteln. Die Lachsröllchen auf den Salatblättern anrichten und mit den Zitronenscheibchen und Dillspitzen garnieren.

für Brunch und Büfett Gefüllte Hackröllchen

(im Bild hinten)

Für 8 Personen:
1 kleine Zwiebel | 2 EL Sonnenblumenöl
1/2 Bund glatte Petersilie
3 EL Semmelbrösel
1 großes Ei
500 g gemischtes Hackfleisch
Salz | Pfeffer
200 g mittelalter Gouda

Zubereitungszeit: ca. 45 Min.
Pro Portion: ca. 300 kcal

1 Die Zwiebel schälen und fein würfeln. 1 TL Öl in einer großen beschichteten Pfanne erhitzen und die Zwiebel darin glasig braten. Vom Herd nehmen (die Pfanne nicht abspülen).

2 Die Petersilie waschen und trockenschütteln, die Blättchen abzupfen und fein hacken. Die Zwiebeln und die Petersilie mit den Semmelbröseln und dem Ei unter das Hackfleisch kneten. Mit Salz und Pfeffer kräftig abschmecken.

3 Den Gouda in ca. 4 cm lange und ca. 1 cm dicke Stifte schneiden. Die Käsestifte gut mit der Hackfleischmasse umhüllen.

4 Das restliche Öl in der Pfanne erhitzen, die Hackfleischröllchen darin portionsweise bei mittlerer Hitze rundherum in ca. 20 Min. knusprig braten.

Gerollte Vorspeisen & Snacks *Fingerfood*

knusprig-knackiger Knabberspaß **Gerollter Parmaschinken**

Für 6 Personen:
600 g junge Möhren | 4 EL Olivenöl
Salz | 1 TL Zucker
Saft und abgeriebene Schale von 1 unbehandelten Zitrone
1/2 Bund Rucola | 1 kleiner Zucchino
250 g Parmaschinken in hauchdünnen Scheiben
18 kleine Blätterteigstangen (Fertigprodukt; z. B. kurze Sesamstangen oder »Mini-Flûtes«)
Pfeffer
Außerdem:
Cocktailtomaten | mit Mandeln gefüllte Oliven

Zubereitungszeit: ca. 1 Std.
Pro Portion: ca. 370 kcal

1 Von den Möhren das Grün bis auf 2–3 cm abschneiden, die Möhren waschen und in dem Öl bei mittlerer Hitze kurz anbraten. Mit Salz, dem Zucker und dem Zitronensaft würzen. Zugedeckt ca. 8 Min. garen, dabei den Topf öfter rütteln. Die Zitronenschale auf die Möhren geben, die Möhren im Topf abkühlen lassen.

2 Die Rucola verlesen, waschen und trockenschütteln, grobe Stiele abknipsen. Den Zucchino waschen und putzen. Dann der Länge nach mit dem Gemüsehobel ca. 3 cm breite Streifen abziehen. Diese längs halbieren. 4–5 Scheiben Parmaschinken vierteln. Die Blätterteigstangen zuerst mit Schinken und dann mit Zucchinistreifen umwickeln.

3 Jede Möhre mit einigen Rucolablättern in die restlichen Schinkenscheiben wickeln. Möhren und Teigstangen auf Tellern anrichten. Pfeffern, mit Tomaten und Oliven garnieren.

knusprig mit Schmelz **Mozzarella im Speckmantel**

Für 16 Stück:
1 Kugel Mozzarella (125 g)
50 g getrocknete Tomaten in Öl (8 Stück)
1 Zweig frischer Rosmarin
8 Scheiben Bacon
  (Frühstücksspeck, ca. 125 g)
16 kleine entsteinte schwarze Oliven
Salz | Pfeffer
2 EL Olivenöl
Außerdem:
16 Holzspießchen zum Feststecken

Zubereitungszeit: ca. 25 Min.
Pro Stück: ca. 95 kcal

1 Den Mozzarella längs in 16 schmale Scheiben schneiden. Die Tomaten abtropfen lassen und halbieren. Den Rosmarin waschen und trockenschütteln, die Nadeln vom Zweig zupfen. Die Baconscheiben mit einem scharfen Messer quer halbieren.

2 Auf jeweils 1/2 Baconscheibe 1 Stück Mozzarella, 1 Stück Tomate, 1 Olive und 5 Rosmarinnadeln legen. Salzen, pfeffern, fest aufrollen und mit einem Holzspießchen feststecken.

3 Das Öl in einer mittelgroßen beschichteten Pfanne erhitzen und die Röllchen darin von allen Seiten knusprig braten. Nach Belieben lauwarm oder kalt servieren.

Tauschbörse
Statt Oliven können Sie auch **Kapernäpfel** in die Röllchen füllen. Und als kalter Aperitifhappen schmecken die Mozzarellastücke auch in **Parmaschinken** gewickelt. Dann machen sich an Stelle der Rosmarinnadeln **Basilikumblättchen** gut zur Füllung.

Gerollte Vorspeisen & Snacks *mariniert & eingelegt*

sauer-würziger Klassiker Eingelegte Rotweinheringe

(im Bild hinten)

Für 4 Personen:
8 küchenfertige Matjesfilets (je ca. 100 g)
8 Cornichons (aus dem Glas)
2 kleine rote Zwiebeln
1 TL Senfkörner
1 TL rosa Pfefferkörner
4 Pimentkörner
Salz / 1 Lorbeerblatt
1 EL Honig
150 ml trockener Rotwein
100 ml Rotweinessig
Außerdem:
Holzspießchen zum Feststecken

Zubereitungszeit: ca. 45 Min.
Kühlzeit: 12 Std.
Pro Portion: ca. 585 kcal

1 Die Matjesfilets und die Cornichons jeweils längs halbieren. Immer 1 Cornichon in 1 Matjesfilet einrollen und die Röllchen mit einem Holzspießchen feststecken. Die Röllchen nebeneinander in ein breites Gefäß legen.

2 Die Zwiebeln schälen, in feine Ringe schneiden und gleichmäßig auf den Fischröllchen verteilen.

3 Die Senf-, Pfeffer- und Pimentkörner, etwas Salz, das Lorbeerblatt und den Honig in einen Topf geben. Den Rotwein und den Essig angießen. Alles einmal aufkochen und bei schwacher Hitze ca. 20 Min. leise kochen lassen.

4 Den Sud ca. 10 Min. abkühlen lassen und dann über die Matjesröllchen gießen. Das Gefäß mit einem Deckel oder mit Alufolie verschließen und ca. 12 Std. im Kühlschrank durchziehen lassen. Dazu schmecken Pellkartoffeln und ein kühles Bier.

bequem vorzubereiten Marinierte Zucchinihäppchen

(im Bild vorne)

Für 4–6 Personen:
2 Kugeln Büffel-Mozzarella (je 125 g)
125 g Schafkäse (Feta)
3 Knoblauchzehen
1 frische rote Chilischote
je 1/2 Bund Basilikum und Thymian
2 mittelgroße Zucchini
ca. 1/4 l Olivenöl
Pfeffer
Außerdem:
Holzspießchen zum Feststecken

Zubereitungszeit: ca. 35 Min.
Kühlzeit: 3 Std.
Bei 6 Personen pro Portion: ca. 230 kcal

1 Mozzarella und Schafkäse jeweils in ca. 2 1/2 cm große Würfel schneiden. Den Knoblauch schälen und in Scheiben schneiden. Die Chilischote waschen, putzen und in Ringe schneiden. Die Kräuter waschen und trockenschütteln, die Blättchen abzupfen.

2 Die Zucchini waschen, putzen und auf dem Gemüsehobel längs in dünne Scheiben schneiden. Auf jeder Zucchinischeibe einige Basilikum- und Thymianblättchen verteilen, die restlichen Kräuterblättchen beiseite legen. Auf jede Zucchinischeibe 1 Mozzarella- oder Schafkäsewürfel legen. Die Zucchinischeiben aufrollen und die Enden quer mit Holzspießchen feststecken.

3 Die Häppchen in eine Schale setzen und mit dem Olivenöl begießen. Den Knoblauch, die Chili und die restlichen Kräuterblättchen dazwischen verteilen. Die Zucchinihäppchen mit Pfeffer bestreuen und zugedeckt 2–3 Std. marinieren. Dazu schmeckt geröstetes Knoblauchbrot.

Gerollte Vorspeisen & Snacks *vom Blech*

40

1

2

3

gut zu einem Glas Wein Italienische
Brotkringel
(im Bild hinten)

Für ca. 30 Stück:
1 EL Fenchelsamen | 400 g Mehl
1 Würfel Hefe (42 g) | 1/2 TL Zucker | Salz
100 ml Olivenöl | 175 ml trockener Weißwein
Außerdem:
Olivenöl für das Blech
Mehl für die Arbeitsfläche

Zubereitungszeit: ca. 40 Min.
Backzeit: ca. 25 Min.
Pro Stück: ca. 70 kcal

1 Die Fenchelsamen im Mörser grob zerstoßen. Das Mehl in eine Schüssel sieben. Die Hefe zerbröckeln. Die Hefe, die Fenchelsamen, den Zucker und 1 Prise Salz auf das Mehl streuen. Das Öl und den Wein schwach erwärmen und mit den Knethaken des Handrührgeräts unter die Mehlmischung rühren. Alles gründlich zu einem geschmeidigen Teig verkneten. In der Schüssel zugedeckt ca. 10 Min. ruhen lassen.

2 Den Backofen auf 200° (Umluft 180°) vorheizen. Das Backblech mit Öl einfetten. In einem großen Topf reichlich Wasser aufkochen lassen, 1 EL Salz hineingeben. Den Teig in zwei Hälften teilen. Jede Hälfte auf wenig Mehl zu einer ca. 4 cm dicken Rolle formen, diese jeweils in 15 gleich große Stücke schneiden. Alle Stücke zu ca. 20 cm langen Rollen formen, zu Ringen legen **(Step 1)**, die Enden übereinander schlagen und leicht zusammendrücken **(Step 2)**.

3 Die Herdtemperatur zurückschalten, das Wasser sieden lassen. Jeweils 4–5 Ringe in das siedende Wasser geben **(Step 3)**. Wenn sie an die Oberfläche steigen, herausnehmen und kurz abtropfen lassen. Die Ringe nebeneinander auf das Blech setzen und im heißen Backofen (Mitte) in 20–25 Min. hellbraun backen.

preiswerte Knabberei Pikante
Sesambonbons
(im Bild vorne)

Für ca. 20 Stück:
300 g TK-Blätterteig
100 g gekochter Schinken
50 g Leerdamer
1/2 Bund Schnittlauch
Pfeffer
1 Eigelb
Currypulver
3 EL weiße Sesamsamen
Außerdem:
Mehl für die Arbeitsfläche
Backpapier für das Blech

Zubereitungszeit: ca. 50 Min.
Backzeit: ca. 25 Min.
Pro Stück: ca. 90 kcal

1 Die Blätterteigplatten nebeneinander bei Zimmertemperatur in 10–15 Min. auftauen lassen. Den Backofen auf 200° (Umluft 180°) vorheizen. Den Schinken und den Käse sehr fein würfeln. Den Schnittlauch waschen, trockenschütteln, in Röllchen schneiden und mit dem Schinken und dem Käse vermischen. Die Masse mit Pfeffer kräftig würzen.

2 Den Blätterteig auf wenig Mehl dünn ausrollen. Quadrate von ca. 9 cm Kantenlänge ausschneiden. Jeweils 1 TL Schinkenmischung in die Mitte einer Außenkante setzen.

3 Die Teigstücke aufrollen, die Seiten wie Bonbons zusammendrehen, leicht festdrücken und auf das mit Backpapier belegte Blech legen. Das Eigelb mit 1 EL Wasser und etwas Currypulver verquirlen. Die Bonbons damit bestreichen und mit den Sesamsamen bestreuen. Im heißen Backofen (Mitte) ca. 25 Min. backen.

Gerollte Vorspeisen & Snacks *vom Blech*

macht was her **Knusprige Spargelstangen**

Für 4 Personen:
8 Stangen grüner Spargel
Salz
200 g Mozzarella
2 Zweige Basilikum
100 g Strudelteig (aus dem Kühlregal)
8 hauchdünne Scheiben Parmaschinken
Pfeffer

Zubereitungszeit: ca. 30 Min.
Backzeit: ca. 10 Min.
Pro Portion: ca. 280 kcal

1 Den Spargel waschen und die Stangen im unteren Drittel schälen. Die Enden abschneiden. Den Spargel in reichlich kochendem Salzwasser 2–3 Min. vorgaren. Herausheben, kalt abschrecken und trockentupfen.

2 Den Mozzarella in 16 ganz dünne Scheiben schneiden. Das Basilikum waschen und trockenschütteln, die Blättchen abzupfen und in feine Streifen schneiden.

3 Den Strudelteig auf der Arbeitsfläche ausbreiten und in acht ca. 10 x 15 cm große Rechtecke schneiden. Den Backofen auf 200° (Umluft 180°) vorheizen.

4 Jedes Teigrechteck mit je 2 Scheiben Mozzarella und 1 Scheibe Parmaschinken belegen. Mit Pfeffer und mit Basilikum bestreuen. Darauf je 1 Spargelstange längs legen und in den Teig einrollen.

5 Die Stangen auf das mit Backpapier belegte Blech legen und im heißen Backofen (Mitte) in 8–10 Min. goldgelb und knusprig backen.

1 2 3 aufs Büfett Blätterteigrouladen

Für 8–10 Personen:
300 g TK-Blätterteig
300 g rohe Kalbsbratwurst
1 Bund Thymian
100 g Crème fraîche
Salz | Pfeffer
1 Eigelb
2 EL Milch
Außerdem:
Mehl für die Arbeitsfläche

Zubereitungszeit: ca. 35 Min.
Backzeit: ca. 45 Min.
Bei 10 Personen pro Portion: ca. 250 kcal

1 Die Blätterteigplatten nebeneinander bei Zimmertemperatur in 10–15 Min. auftauen lassen. Inzwischen die Bratwurstmasse aus den Wursthäuten drücken und in eine Schüssel geben.

2 Den Thymian waschen und trockenschütteln, die Blättchen abzupfen. Mit der Crème fraîche zu der Bratwurstmasse geben. Alles gut mischen, salzen und pfeffern.

3 Die Blätterteigplatten auf wenig Mehl jeweils etwas ausrollen und mit Bratwurstmasse dünn bestreichen. Die Teigplatten von der Längsseite her zu Rouladen aufrollen. Die Enden gut andrücken.

4 Den Backofen auf 180° (Umluft 160°) vorheizen. Das Backblech kalt abspülen und nicht abtrocknen. Die Teigrouladen auf das Backblech legen. Das Eigelb mit der Milch verquirlen und die Rouladen damit bestreichen. Im heißen Ofen (Mitte) in ca. 45 Min. goldbraun backen. Abkühlen lassen, in ca. 1 cm dicke Scheiben schneiden und auf Tellern anrichten.

Gerollte Vorspeisen & Snacks *vom Blech*

deftig Zwiebelschnecken
(im Bild rechts)

Für ca. 36 Stück:
1 Würfel Hefe (42 g) | 1 TL Zucker
1/8 l lauwarme Milch | 500 g Mehl | 2 Eier
Salz | 140 g Butter (+ 1 EL)
200 g durchwachsener Räucherspeck in dünnen Scheiben
500 g Zwiebeln | 1/2 TL getrockneter Thymian
Pfeffer | 1 Eigelb | 2 EL Milch
Außerdem:
Backpapier fürs Blech

Zubereitungszeit: ca. 1 Std. 5 Min.
Ruhezeit: 1 Std. 15 Min.
Backzeit: ca. 25 Min.
Pro Stück: ca. 125 kcal

1 Die Hefe mit Zucker und Milch verrühren, bis sie sich aufgelöst hat. Das Mehl untermischen. Die Eier einzeln dazuschlagen, jeweils mit den Knethaken des Handrührgeräts unterkneten. 1 1/2 TL Salz und Butter in kleinen Stücken dazugeben und unterkneten. Den Teig zugedeckt an einem warmen Ort 1 Std. gehen lassen.

2 Den Speck in feine Streifen schneiden. Zwiebeln schälen und fein hacken. Den Speck ohne Fett ausbraten. 1 EL Butter dazugeben, die Zwiebeln darin weich braten. Abkühlen lassen und mit Thymian, Pfeffer und Salz würzen.

3 Teig halbieren, jede Hälfte auf wenig Mehl zu einem Rechteck von ca. 20 x 30 cm ausrollen. Zwiebelfüllung darauf verstreichen. Platten von der schmalen Seite her aufrollen, in ca. 1 1/2 cm dicke Scheiben schneiden. Auf das mit Backpapier belegte Blech legen, 15 Min. gehen lassen.

4 Den Backofen auf 200° (Umluft 180°) vorheizen. Das Eigelb mit der Milch verquirlen und die Schnecken damit bestreichen. Im heißen Backofen (Mitte) 20–25 Min. backen.

Partyliebling Schinkenhörnchen
(im Bild links)

Für ca. 16 Stück:
400 g Mehl
2 TL Backpulver
250 g kalte Butter
250 g Magerquark | Salz
200 g gekochter Schinken
1 Hand voll junger Spinat
1 Zwiebel
3 EL Crème fraîche
Pfeffer
2 EL Sahne
Außerdem:
Mehl für die Arbeitsfläche
Backpapier fürs Blech

Zubereitungszeit: ca. 1 Std.
Backzeit: ca. 25 Min.
Pro Stück: ca. 240 kcal

1 Mehl und Backpulver mischen. Die Butter in kleinen Stücken mit dem Quark und 1 TL Salz dazugeben. Alles zu einem glatten Teig verkneten. Zur Kugel formen und kühl stellen.

2 Den Schinken ohne Fettrand klein würfeln. Den Spinat verlesen, waschen, abtropfen lassen und klein schneiden. Die Zwiebel schälen und fein hacken. Alles mit der Crème fraîche mischen, salzen und pfeffern.

3 Den Backofen auf 200° (Umluft 180°) vorheizen. Den Teig in zwei Hälften teilen, jede Hälfte auf wenig Mehl zu einem Kreis von ca. 35 cm Ø ausrollen. Jeden Kreis wie eine Torte in 8 Stücke schneiden. Auf jedes Stück etwas Füllung in die Mitte geben. Die Teigstücke zur Spitze hin aufrollen und zu Hörnchen biegen.

4 Die Hörnchen mit der Sahne bestreichen und auf dem mit Backpapier ausgelegten Blech im heißen Backofen (Mitte) 20–25 Min. backen.

Rollen zum Sattessen

46

Viva Mexiko!

Mexiko gilt als die Urheimat gerollter Snacks, und die Tortilla, vielseitiger »Rollenhalter«, ist ein Symbol der dortigen Küche. Denn eine Mahlzeit ohne die Fladen muss man in Mexiko schon lange suchen. Obwohl man sie nicht immer auf den ersten Blick erkennt: Gefüllt und aufgerollt kommen sie als Tacos daher. Werden diese noch gebraten, verwandeln sie sich in Flautas. Zum Halbkreis zugeklappt und gebraten heißen sie Quesadillas. Und mit Tomatensauce bestrichen, gefüllt, aufgerollt und mit Käse überbacken werden Tortillas zu Enchiladas. Was alle Varianten wieder eint: Irgendeine Sauce, mal mit Tomaten, mal mit roten Bohnen, ist immer im Spiel. Fast jeder mexikanische Haushalt hat seine eigenen Geheimrezepte für gute Saucen und Dips – einige verraten wir hier ...

Tomatensauce
... nicht nur zum Bestreichen von Tortillas, sondern auch gut zu Nudeln und gegrilltem Fleisch. Für 4 Portionen 1 große Dose geschälte Tomaten (800 g) abtropfen lassen. 1 kleine Zwiebel und 2 Knoblauchzehen schälen, fein hacken und in 2 EL Öl goldgelb braten. Die Tomaten mit 2 Gewürznelken, 2 EL Chilipulver, 1 TL getrocknetem Oregano, 1 TL Kreuzkümmelpulver und Salz dazugeben. Die Sauce in ca. 30 Min. dicklich einkochen lassen und nochmals mit Salz abschmecken.

Salsa verde
... für alle, die es auf Tortillas, Wraps oder zu Tortilla-Chips »hot« mögen. Für 4 Portionen 400 g grüne Tomaten (beim Händler vorbestellen oder selbst ziehen; ersatzweise Fleischtomaten) heiß überbrühen, häuten, entkernen, grob würfeln. 2–3 frische Chilischoten (am besten grüne Jalapeño-Chilis) waschen, längs aufschneiden, entkernen, in Ringe schneiden. 1 kleine Zwiebel und 1 Knoblauchzehe schälen, fein würfeln und in 2 EL Öl goldgelb braten. Tomaten und Chilis dazugeben, alles ca. 20 Min. einkochen lassen. Sauce pürieren. 1 Zweig Koriandergrün waschen, die Blättchen abzupfen und in die Sauce geben. Mit Salz und Zucker abschmecken.

Chili-Bohnen-Creme
... für Tacos mit Fleischfüllung oder zum Dippen von Tortilla-Chips. Für 4 Portionen 2 Dosen Kidneybohnen (à 255 g Abtropfgewicht) in einem Sieb abspülen und abtropfen lassen. 1 Zwiebel und 2 Knoblauchzehen schälen, fein hacken und in 4 EL Olivenöl goldgelb braten. 2 frische rote Chilischoten waschen, längs aufschlitzen, entkernen und klein hacken. In die Pfanne geben und kurz mitbraten. Die Bohnen und 100 ml Tomatensaft dazugeben und alles mit Salz und Pfeffer würzen. Zugedeckt ca. 10 Min. leise kochen lassen. Inzwischen 1 Bund Koriandergrün waschen und trockenschütteln, die Blättchen abzupfen und grob hacken. Die Bohnen pürieren und mit Salz und Pfeffer noch einmal abschmecken. Den Koriander untermischen.

Chili con Queso
... schmeckt zu Tacos oder Enchiladas mit Geflügel, zu Tortilla-Chips und zu Nudeln. Für 6 Portionen 1 Zwiebel schälen, klein würfeln und in 2 EL Butter goldgelb braten. Vom Herd nehmen und beiseite stellen. 3–4 frische Chilischoten waschen, längs aufschneiden, entkernen und fein hacken. Mit 250 g Pizzatomaten (aus der Dose) in einen Topf geben und zugedeckt ca. 15 Min. leise kochen lassen. Inzwischen jeweils 125 g Cheddar und Leerdamer reiben. 250 g Sahne unter ständigem Rühren zu den Tomaten gießen. Den geriebenen Käse unterrühren und so lange rühren, bis der Käse geschmolzen ist. Dann die gebratene Zwiebel unterrühren. Den Dip mit Salz und Pfeffer würzen und heiß servieren.

Rollen zum Sattessen mit Nudeln

für Veggies Cannelloni mit Ricotta

(im Bild vorne)

Für 4 Personen:
*700 g reife Tomaten | 1 rote Paprikaschote
125 g Zucchini | 1/2 Aubergine (ca. 125 g)
2 rote Zwiebeln | 2 Knoblauchzehen
2 Zweige glatte Petersilie | 2 EL Olivenöl
Salz | Pfeffer | 2 TL gehackter Rosmarin
1 EL Tomatenmark | 250 g Ricotta
1 Prise frisch geriebene Muskatnuss
1 Prise rosenscharfes Paprikapulver
250 g Cannelloni (ohne Vorkochen)
30 g Parmesan, frisch gerieben*

Zubereitungszeit: ca. 1 Std.
Backzeit: ca. 45 Min.
Pro Portion: ca. 475 kcal

1 Die Gemüse waschen, putzen und klein würfeln. Zwiebeln und Knoblauch schälen und ebenfalls klein würfeln. Die Petersilie waschen und trockenschütteln, Blättchen fein hacken. In zwei Töpfen je 1 EL Öl erhitzen, jeweils die Hälfte der Zwiebeln und des Knoblauchs darin glasig braten. In den einen Topf die Tomaten geben, in den anderen Paprika, Zucchini und Aubergine. Alles jeweils bei mittlerer Hitze 3 Min. braten, salzen und pfeffern.

2 1 TL Rosmarin, die Hälfte der Petersilie und 4 EL gedünstete Tomaten unter das Gemüse mischen. Tomatensauce mit restlichen Kräutern und Tomatenmark würzen. Gemüse und Tomatensauce zugedeckt bei schwacher Hitze 5 Min. garen, dann offen 3 Min. ausdampfen lassen. Ricotta unter das Gemüse mischen, mit Salz, Pfeffer, Muskat und Paprika würzen.

3 Backofen auf 200° (Umluft 180°) vorheizen. Eine feuerfeste Form mit etwas Tomatensauce ausgießen. Das Ricotta-Gemüse mit einem Spritzbeutel ohne Tülle (S. 12) in die Nudelrollen füllen, diese in die Form schichten. Restliche Tomatensauce darüber gießen, mit Parmesan bestreuen. Im heißen Ofen (Mitte) ca. 45 Min. backen.

Italo-Klassiker Cannelloni

(im Bild hinten)

Für 4 Personen:
*1 große Zwiebel | 2 Knoblauchzehen
2 EL Olivenöl | 250 g Rinderhackfleisch
Salz | Pfeffer
je 1/2 TL getrockneter Oregano und Salbei
2 TL Tomatenmark
1 kleine Dose geschälte Tomaten (400 g)
150 g Parmesan, frisch gerieben
3 EL saure Sahne
250 g Cannelloni (ohne Vorkochen) | 50 g Butter*
Außerdem:
Butter für die Form

Zubereitungszeit: ca. 1 Std.
Backzeit: ca. 45 Min.
Pro Portion: ca. 715 kcal

1 Zwiebel und Knoblauch schälen, fein würfeln und in dem Öl glasig braten. Das Hackfleisch dazugeben und krümelig braten. Vom Herd nehmen und mit Salz, Pfeffer, Trockenkräutern und Tomatenmark würzen. Abkühlen lassen.

2 Dosentomaten mit Saft in einen Topf geben, kleiner schneiden und erhitzen. Offen ca. 5 Min. leise kochen lassen, bis etwas Flüssigkeit verdampft ist. Salzen und pfeffern.

3 Backofen auf 200° (Umluft 180°) vorheizen. Eine feuerfeste Form mit Butter fetten. 75 g Parmesan und die saure Sahne unter das Hackfleisch rühren. Fleischmasse mit einem Spritzbeutel ohne Tülle (S. 12) in die Nudelrollen füllen. Diese in die Form schichten, mit Tomatensauce begießen. Mit restlichem Parmesan und Butterflöckchen bestreuen. Im heißen Ofen (Mitte) ca. 45 Min. backen.

Rollen zum Sattessen mit Nudeln

für den schmalen Geldbeutel **Kraut-Schupfnudeln**

(im Bild vorne)

Für 4 Personen:
*500 g Pellkartoffeln vom Vortag
   (aus mehlig kochenden Kartoffeln)
2 Eier | Salz | 150–200 g Mehl
1 Prise frisch geriebene Muskatnuss
2 Zwiebeln
200 g gekochter Schinken in Scheiben
300 g Sauerkraut | 2 EL Butterschmalz
150 g Crème fraîche | 1 EL Zitronensaft | Pfeffer
1/2 TL getrockneter Thymian*
Außerdem:
Mehl zum Bestäuben und für die Arbeitsfläche

Zubereitungszeit: ca. 2 Std.
Pro Portion: ca. 570 kcal

1 Kartoffeln pellen, durch die Kartoffelpresse drücken. Eier und 1/2 TL Salz dazugeben, nach und nach mit dem Mehl glatt verkneten. Mit Muskat würzen. Teig zu einer Rolle von ca. 5 cm Ø formen, mit Mehl bestäuben und in ca. 1 cm breite Scheiben schneiden. Diese auf wenig Mehl zu 8–10 cm langen und 1–2 cm dicken Würstchen rollen, die Enden spitz formen. Mit Mehl bestäuben.

2 2 l Wasser aufkochen, salzen. Schupfnudeln portionsweise ins siedende Wasser geben, 2–3 Min. ziehen lassen. Herausheben, kurz in kaltes Wasser tauchen, abtropfen lassen.

3 Für das Kraut die Zwiebeln schälen, halbieren und in dünne Scheiben schneiden. Schinken in feine Streifen schneiden. Das Sauerkraut mit einer Gabel auflockern. Die Zwiebeln in 1 EL Butterschmalz glasig braten. Schinken und Kraut untermischen, bei schwacher Hitze ca. 10 Min. braten. Crème fraîche mit Zitronensaft, Salz, Pfeffer und Thymian einrühren. Die Schupfnudeln im restlichen Butterschmalz rundum goldbraun braten. Zu dem Schinken-Kraut servieren.

herbstlich-deftig **Krautrollen**

(im Bild hinten)

Für 4 Personen:
*1 Zwiebel | 2 EL Butterschmalz
150 g durchwachsener Räucherspeck
500 g Sauerkraut | 200 ml Rinderbrühe (Instant)
1 Kartoffel | 1 Apfel | Salz
250 g Cannelloni (mit Vorkochen)
250 g Magerquark | Pfeffer
1 Prise edelsüßes Paprikapulver | 100 g Sahne
30 g Parmesan, frisch gerieben
80 g Greyerzer, frisch gerieben
1 EL gehackte Petersilie*
Außerdem:
Butter für die Form

Zubereitungszeit: ca. 1 Std.
Backzeit: ca. 35 Min.
Pro Portion: ca. 810 kcal

1 Zwiebel schälen, würfeln und im Schmalz glasig braten. Speck ohne Schwarte klein würfeln, kurz mitbraten. Kraut mit einer Gabel lockern, dazugeben. Brühe angießen. Kartoffel und Apfel schälen, klein würfeln und untermischen. Zugedeckt bei schwacher Hitze ca. 40 Min. garen.

2 3 1/2 l Wasser aufkochen, salzen. Cannelloni darin nach Packungsanweisung vorkochen, kalt abschrecken, abtropfen lassen und quer halbieren. Den Backofen auf 220° (Umluft 200°) vorheizen. Eine feuerfeste Form fetten.

3 Das Kraut abgießen, ausdrücken, abkühlen lassen. Mit dem Quark mischen und mit Salz, Pfeffer und Paprika würzen. In die Cannelloni füllen, diese senkrecht in die Form stellen. Sahne und Parmesan verrühren, zwischen die Nudelrollen gießen. Die Form locker mit Alufolie abdecken, die Krautrollen im heißen Ofen (Mitte) ca. 20 Min. garen. Alufolie entfernen, die Nudelrollen mit Greyerzer bestreuen und weitere 15 Min. backen. Mit Petersilie bestreut servieren.

Rollen zum Sattessen mit Gemüse

52

1

2

3

Omas Klassiker **Krautwickel**

Für 4 Personen:
1 altbackenes Brötchen vom Vortag
1/8 l heiße Milch | Salz | 1 Kopf Weißkohl
400 g gemischtes Hackfleisch | 1 Ei
1/2 TL getrockneter Thymian
1/2 TL edelsüßes Paprikapulver | Pfeffer
1 Bund glatte Petersilie
50 g durchwachsener Räucherspeck
3 EL neutrales Pflanzenöl | 1 Zwiebel
1/4 l Fleischbrühe (Instant) | 2 EL Tomatenmark
100 g saure Sahne
Außerdem:
Küchengarn zum Umwickeln

Zubereitungszeit: ca. 1 St. 25 Min.
Pro Portion: ca. 645 kcal

1 Das Brötchen in Würfel schneiden und mit der heißen Milch begießen. In einem großen Topf ca. 2 l Wasser aufkochen, salzen. Vom Kohlkopf 4 große oder 8 kleinere Außenblätter vorsichtig ablösen **(Step 1)**. Im kochenden Salzwasser ca. 5 Min. blanchieren. Herausnehmen, kalt abschrecken und abtropfen lassen.

2 Das Brötchen ausdrücken. Mit dem Hackfleisch und dem Ei verkneten, mit Thymian, Paprika, Salz und Pfeffer würzen. Die Petersilie waschen und trockenschütteln, die Blättchen fein hacken. Die Hälfte unter den Fleischteig mischen.

3 Den Speck ohne Schwarte klein würfeln. Mit 1 EL Öl in einen weiten Schmortopf geben und das Speckfett bei mittlerer Hitze auslassen. Die Speckwürfel knusprig braten, herausnehmen. Die Zwiebel schälen, klein würfeln und in dem Speckfett unter Rühren kurz anbraten. Herausnehmen (den Topf nicht abspülen) und mit dem Speck unter den Fleischteig mischen.

4 Blanchierte Kohlblätter flach ausbreiten und die Hackfleischfüllung darauf verteilen. Die Blätter seitlich darüber schlagen und aufrollen, mit Küchengarn umwickeln und festbinden **(Step 2)**.

5 Restliches Öl in dem Topf mit Speckfett erhitzen. Krautwickel hineingeben, rundum kräftig darin anbraten **(Step 3)**. Die Brühe angießen. Rouladen zugedeckt bei schwacher Hitze ca. 30 Min. schmoren. Ab und zu mit Brühe begießen.

6 Die Krautwickel herausnehmen und warm stellen. Tomatenmark in die Brühe rühren und 1–2 Min. leise kochen lassen. Die saure Sahne unterrühren, die Sauce nicht mehr aufkochen. Salzen und pfeffern, restliche Petersilie einstreuen. Zu den Krautwickeln servieren.

Orient-Variante

Auch im Orient liebt man **Kohlrouladen** – natürlich etwas anders gewürzt. Für 4 Portionen von 1 Weißkohl den Strunk keilförmig herausschneiden. Ca. 25 Blätter ablösen, mit dem Kohlkopf in 1 1/2 l kochendem Salzwasser ca. 10 Min. blanchieren. Herausnehmen, kalt abschrecken und abtropfen lassen. Blanchierwasser aufbewahren. 2 Zwiebeln und 4 Knoblauchzehen schälen, klein würfeln und mit 350 g Rinderhackfleisch, 3 EL Olivenöl, 4 EL gehackter Petersilie und 1 TL Kreuzkümmelpulver verkneten. Mit Salz würzen. Den Fleischteig auf 16 schönen Kohlblättern verteilen. Blätter seitlich darüber schlagen. Aufrollen, mit Küchengarn umwickeln und festbinden. Kohlkopf und restliche Kohlblätter in feine Streifen schneiden. Einen weiten Schmortopf damit auslegen. Rouladen dicht an dicht in den Topf legen. Mit Blanchierwasser knapp bedecken. Zugedeckt bei schwacher Hitze ca. 40 Min. garen. Herausnehmen und warm stellen. Im Topf 250 g Schmand, 5 EL Tomatenmark, 1/2 TL Harissa und 2–3 EL Zitronensaft mit 1/4 l Wasser verrühren, aufkochen. 1 TL Speisestärke mit 100 ml Wasser glatt rühren, Sauce damit binden. Unter Rühren wieder aufkochen, zu den Rouladen servieren.

Rollen zum Sattessen mit Gemüse

schlanke Veggie-Happen — Chinesische Spinatröllchen

Für 4 Personen:
**20 große Spinatblätter
Salz | 1 Frühlingszwiebel
2 Knoblauchzehen
1 walnussgroßes Stück frischer Ingwer
250 g Tofu | 1 Ei | 3 EL helle Sojasauce
1 EL Reiswein | 2 EL Speisestärke
Pfeffer | Zucker | 1/4 l Gemüsebrühe (Instant)**
Außerdem:
Sesam-Würzöl zum Beträufeln

Zubereitungszeit: ca. 45 Min.
Pro Portion: ca. 130 kcal

1 Die Spinatblätter kalt abspülen und in reichlich kochendem Salzwasser ca. 1 Min. blanchieren. Mit einem Schaumlöffel herausheben und gut abtropfen lassen.

2 Die Frühlingszwiebel putzen, waschen und klein würfeln. Knoblauch und Ingwer schälen und fein hacken. Tofu klein würfeln. Alles mit dem Ei, der Sojasauce, dem Reiswein, 1 EL Speisestärke, Salz, Pfeffer und Zucker mischen.

3 Die Spinatblätter auf der Arbeitsfläche ausbreiten. Jeweils 1 EL Tofumasse darauf geben und zu einer Wurst formen. Die Blätter aufrollen und quer halbieren. Die Rollen mit den Schnittflächen nach unten in einen Topf setzen und die Hälfte der Brühe angießen. Zugedeckt bei mittlerer Hitze ca. 5 Min. dünsten.

4 Restliche Stärke und restliche Brühe glatt rühren, in den Topf gießen und noch 2–3 Min. kochen lassen. Die Spinatrollen mit Sesamöl beträufelt servieren.

Urlaubsfeeling zu Hause ## Türkische Auberginenröllchen

Für 4 Personen:
800 g Auberginen
1/8 l Olivenöl (+ 1 EL)
Salz | Pfeffer
100 g Pinienkerne
1 Zwiebel | 2 Knoblauchzehen
1 Bund glatte Petersilie
400 g Schafkäse (Feta)
2 Eigelbe
1 Msp. Cayennpfeffer
600 g Fleischtomaten

Zubereitungszeit: ca. 45 Min.
Garzeit: ca. 30 Min.
Pro Portion: ca. 675 kcal

1 Die Auberginen waschen, putzen und längs in ca. 1/2 cm dicke Scheiben schneiden. Dann in 1/8 l Olivenöl bei starker Hitze von beiden Seiten kurz anbraten. Auf Küchenpapier entfetten, salzen und pfeffern.

2 Die Hälfte der Pinienkerne sehr fein hacken, mit den ganzen Kernen mischen. Zwiebel und Knoblauch schälen, fein hacken und in 1 EL Olivenöl glasig dünsten. Vom Herd nehmen.

3 Die Petersilie waschen und trockenschütteln, die Blättchen abzupfen und fein hacken. Den Käse gut zerdrücken und mit den Eigelben, den Zwiebeln und der Hälfte der Petersilie unter die Pinienkerne mischen. Mit Salz, Pfeffer und Cayenne würzen.

4 Den Backofen auf 200° (Umluft 180°) vorheizen. Die Auberginen mit der Mischung bestreichen, aufrollen und in eine feuerfeste Form setzen. Die Tomaten waschen, entkernen und grob hacken, dabei die Stielansätze entfernen. Die Tomaten um die Röllchen verteilen, salzen und pfeffern. Im heißen Backofen (Mitte) ca. 30 Min. garen. Mit der restlichen Petersilie bestreut servieren.

Rollen zum Sattessen mit Fleisch

56

Deftiges gästefein Italienische
Kalbsröllchen
(im Bild hinten)

Für 4 Personen:
2 kleine Bratwürstchen
2 Hühnerlebern
1 Bund glatte Petersilie
2 EL frisch geriebener Parmesan
2 Eigelbe
2 Knoblauchzehen | Pfeffer
4 dünne Kalbsschnitzel (je ca. 100 g)
8–10 frische Salbeiblättchen
50 g durchwachsener Räucherspeck in dünnen Streifen
50 g Butter | Salz | 1/8 l trockener Weißwein
1/8 l Fleischbrühe (Instant)
Außerdem:
Holzspießchen zum Feststecken
Mehl zum Bestäuben

Zubereitungszeit: ca. 1 Std.
Pro Portion: ca. 525 kcal

1 Die Würstchen häuten, die Fülle klein schneiden und in eine Schüssel geben. Die Lebern waschen, trockentupfen und fein hacken. Petersilie waschen, trockenschütteln, die Blättchen fein hacken. Mit den Lebern, dem Parmesan und den Eigelben zum Brät geben. Knoblauch schälen und dazupressen. Alles gut mischen und pfeffern.

2 Schnitzel trockentupfen und flach klopfen. Die Paste gleichmäßig darauf streichen, die Schnitzel aufrollen. Mit jeweils 1 Salbeiblatt belegen, mit Speck umwickeln, mit Holzspießchen feststecken und dünn mit Mehl bestäuben.

3 Die Röllchen in der Butter rundum goldbraun braten, salzen. Den Wein angießen und etwa zur Hälfte eindampfen lassen. Die Brühe angießen, die Röllchen zugedeckt bei schwacher Hitze ca. 20 Min. schmoren. Nach 10 Min. den restlichen Salbei in die Sauce geben.

4 Die Röllchen aus der Pfanne nehmen und warm stellen. Die Sauce einmal aufkochen lassen, salzen und pfeffern. Über die Röllchen gießen. Dazu schmecken Salzkartoffeln.

minzefrisch Kalbsröllchen
in Zitronenrahm
(im Bild vorne)

Für 4 Personen:
8 Knoblauchzehen
80 g Parmesan, frisch gerieben | 5 EL Olivenöl
1 Bund frische Minze
8 Kalbsschnitzel (je ca. 120 g) | Salz | Pfeffer
1/8 l trockener Weißwein | Saft von 2 Zitronen
250 g Crème double | Cayennepfeffer
Außerdem:
Küchengarn zum Festbinden

Zubereitungszeit: ca. 35 Min.
Garzeit: ca. 35 Min.
Pro Portion: ca. 745 kcal

1 Den Knoblauch schälen und in eine Schüssel pressen. Den Parmesan und 3 EL Öl dazugeben. Alles gut mischen. Die Minze waschen und trockenschütteln, die Blättchen abzupfen.

2 Die Schnitzel trockentupfen, flach klopfen und beidseitig salzen und pfeffern. Auf einer Seite mit der Käsemischung bestreichen und mit den Minzeblättchen belegen. Die Schnitzel aufrollen und mit Küchengarn zusammenbinden.

3 Die Röllchen in dem restlichen Öl rundum kräftig anbraten, dann herausnehmen. Das Fett abgießen. Den Bratensatz mit Weißwein und Zitronensaft loskochen. Die Crème double unterrühren, aufkochen und die Röllchen hineinlegen. Bei schwacher Hitze zugedeckt ca. 35 Min. garen. Herausnehmen und warm stellen. Die Sauce cremig einkochen, mit Salz, Pfeffer und Cayenne würzen. Über die Röllchen gießen.

Rollen zum Sattessen mit Fleisch

gerollter Evergreen **Rinderrouladen**

Für 4 Personen:
3 große Zwiebeln
150 g durchwachsener Räucherspeck
4 Gewürzgurken (mit ca. 100 ml Sud)
4 dünne Rinderrouladen (je ca. 150 g)
Salz / Pfeffer
4 EL scharfer Senf
2 EL Butterschmalz
1 EL Mehl
Außerdem:
Küchengarn zum Festbinden

Zubereitungszeit: ca. 30 Min.
Schmorzeit: ca. 1 Std. 30 Min.
Pro Portion: ca. 510 kcal

1 Die Zwiebeln schälen und in Spalten schneiden. Den Speck und die Gurken in schmale Streifen schneiden.

2 Die Rouladen beidseitig salzen und pfeffern. Ausbreiten, mit 2 EL Senf bestreichen und mit gut zwei Dritteln der Zwiebeln und der Speck- und Gurkenstreifen belegen. Die Rouladen fest aufrollen, mit Küchengarn umwickeln und festbinden.

3 Die Rouladen in dem Butterschmalz rundum kräftig anbraten. Restliche Zwiebeln und restliche Speck- und Gurkenstreifen dazugeben und kurz mitbraten. So viel heißes Wasser angießen, dass die Rouladen halb bedeckt sind. Restlichen Senf und den Gurkensud einrühren. Zugedeckt ca. 1 1/2 Std. leise kochen lassen.

4 Die Rouladen herausnehmen. Küchengarn entfernen, die Rouladen warm stellen. Das Mehl mit 3 EL Wasser glatt rühren, die Sauce damit binden. Über die Rouladen gießen.

schmeckt nach Italien ## Schweinerouladen mit Käsefüllung

Für 4 Personen:
4 Schweineschnitzel (je ca. 120 g)
1 Bund Basilikum / 1 TL Zitronensaft
125 g Mascarpone / Salz / Pfeffer
500 g Tomaten
200 g Mozzarella
2 Knoblauchzehen
4 dünne Scheiben Parmaschinken (ca. 50 g)
3 EL Olivenöl
1/4 l heiße Fleischbrühe (Instant)
1 EL Tomatenmark
1 TL Speisestärke
Außerdem:
Küchengarn zum Festbinden

Zubereitungszeit: ca. 30 Min.
Schmorzeit: ca. 45 Min.
Pro Portion: ca. 540 kcal

1 Die Schnitzel trockentupfen. Basilikum waschen und trockenschütteln, die Blättchen abzupfen und fein hacken. Mit dem Zitronensaft unter den Mascarpone mischen, salzen und pfeffern. Die Tomaten mit kochendem Wasser kurz überbrühen, häuten, entkernen und streifig schneiden, dabei die Stielansätze entfernen. Mozzarella klein würfeln. Den Knoblauch schälen und in dünne Scheibchen schneiden.

2 Schnitzel mit dem Mascarpone bestreichen, mit je 1 Schinkenscheibe belegen. Tomaten, Mozzarella und Knoblauch darauf verteilen. Die Schnitzel aufrollen, mit Küchengarn umwickeln und festbinden. Mit Salz und Pfeffer einreiben. In dem Öl bei starker Hitze rundum anbraten.

3 Die Brühe angießen, die Rouladen zugedeckt bei mittlerer Hitze ca. 45 Min. schmoren. Herausnehmen und warm stellen. Die Sauce offen etwas einkochen lassen. Tomatenmark mit der Stärke glatt rühren, die Sauce damit binden. Über die Rouladen gießen.

Rollen zum Sattessen *mit Fleisch*

Gewürzfeuer aus der Türkei **Lamm-Bulgur-Röllchen**

Für 4 Personen:
2 kleine Zwiebeln | 30 g Butter
225 g zwei Mal durchgedrehtes Lammhackfleisch (vom Metzger vorbereiten lassen)
1/2 Bund glatte Petersilie | 50 g Walnusskerne
je 1/4 TL Zimtpulver, Pimentpulver, Kreuzkümmelpulver und mildes Paprikapulver
Salz | Pfeffer | 1 Msp. Zucker
150 g Bulgur (Weizenschrot)
1/2 TL Korianderpulver
Außerdem:
ca. 1/2 l Sonnenblumenöl zum Frittieren

Zubereitungszeit: ca. 1 Std. 30 Min.
Pro Portion: ca. 455 kcal

1 Die Zwiebeln schälen und sehr fein würfeln. Die Butter in einer beschichteten Pfanne erhitzen, die Zwiebeln darin glasig braten. Dann 100 g Hackfleisch untermischen, fein zerdrücken und bei starker Hitze unter Rühren 4–5 Min. anbraten. Vom Herd nehmen.

2 Petersilie waschen und trockenschütteln, die Blättchen abzupfen und fein hacken. Walnüsse grob hacken und mit der Petersilie, den gemahlenen Gewürzen, Salz, Pfeffer und dem Zucker unter die Hackfleisch-Zwiebel-Masse mischen.

3 Den Bulgur in einer Schüssel mit dem Korianderpulver und 140 ml warmem Wasser mindestens 15 Min. durchkneten. Mit Salz bestreuen und mit dem restlichen rohen Hackfleisch vermischen, bis sich alle Zutaten zu einem Teig verbunden haben.

4 Den Teig durch die feine Scheibe des Fleischwolfs drehen und erneut durchkneten. Den Teig in 12 Portionen teilen. Jede Portion in der Hand wie ein Ei formen. Mit dem Zeigefinger eine Vertiefung eindrücken, diese mit der beiseite gestellten Hackfleischfüllung füllen. Die Bulgurmasse darüber zusammendrücken, so dass die Öffnung verschlossen wird. Dabei die Enden spitz formen.

5 Das Öl in einem hohen Topf oder in der Fritteuse erhitzen. Es ist heiß genug, wenn an einem hineingehaltenen Holzlöffelstiel kleine Bläschen aufsteigen. Die Röllchen portionsweise in dem heißen Öl ausbacken und auf Küchenpapier entfetten.

Griechische Variante

Etwas einfacher, weil ohne Bulgur und ohne Füllung, gehen **griechische Smyrna-Würstchen**. Für 4 Portionen 700 g Hackfleisch in eine Schüssel geben. 2 Scheiben altbackenes Weißbrot entrinden und kurz in warmem Wasser einweichen. Gut ausdrücken und mit 1 Ei zum Hackfleisch geben. 1 Zwiebel schälen und fein auf das Hackfleisch reiben. 2 Knoblauchzehen schälen und dazupressen. 1 Bund glatte Petersilie waschen und trockenschütteln, die Blättchen abzupfen, fein hacken und ebenfalls dazugeben. Alles mit Salz, Pfeffer und 1 TL Kreuzkümmelpulver kräftig würzen und zu einem Teig verkneten. Aus dem Teig mit angefeuchteten Händen 24 kleine Würstchen formen. 2–3 EL Mehl auf einen Teller sieben. Die Würstchen mit gewaschenen, gut abgetrockneten Händen leicht auf das Mehl drücken, dann zwischen den bemehlten Händen noch einmal kurz rollen. 3 EL Olivenöl erhitzen und die Würstchen darin rundum hellbraun braten. Nebeneinander in eine feuerfeste Form legen. 600 g Tomaten mit kochendem Wasser kurz überbrühen, häuten, entkernen und fein hacken, dabei die Stielansätze entfernen. Den Backofen auf 180° (Umluft 160°) vorheizen. Die Tomaten in 3 EL Olivenöl offen bei mittlerer Hitze 4–5 Min. schmoren. 1/8 l Weißwein angießen, einmal aufkochen und mit 1 Prise Zucker und 1/4 TL Salz würzen. Die Tomatensauce über die Würstchen gießen. Die Würstchen im heißen Backofen (Mitte) in ca. 25 Min. garen.

Rollen zum Sattessen *vom Blech*

Kinderliebling **Würstchen im Schlafrock**

Für 4 Personen:
400 g TK-Blätterteig
1 Stange Lauch
1 EL Butterschmalz
Salz | Pfeffer
100 g Emmentaler in Scheiben
4 TL mittelscharfer Senf
4 Wiener Würstchen
1 Eigelb
Außerdem:
Mehl zum Ausrollen

Zubereitungszeit: ca. 30 Min.
Backzeit: ca. 20 Min.
Pro Portion: ca. 755 kcal

1 Die Blätterteigplatten nebeneinander bei Zimmertemperatur in 10–15 Min. auftauen lassen. Den Lauch putzen, nur den hellen Teil in feine Ringe schneiden, waschen und gut abtropfen lassen. In dem Butterschmalz ca. 3 Min. anbraten, salzen und pfeffern.

2 Backofen auf 225° (Umluft 200°) vorheizen. Jede Teigplatte auf wenig Mehl dünn zu einem Rechteck ausrollen, das ca. 6 cm länger als die Würstchen ist. Die Teigrechtecke mit je 1 Käsescheibe belegen, dabei einen Rand frei lassen. Den Käse mit Senf bestreichen, den Lauch darauf verteilen, die Würstchen in die Mitte geben.

3 Die Teigränder mit etwas Wasser bestreichen. Teigplatten längs locker aufrollen und auf ein kalt abgespültes Backblech legen. Das Eigelb mit 3 EL Wasser verquirlen, die Teigrollen damit bestreichen und im heißen Backofen (Mitte) in 20–25 Min. goldbraun backen.

einfach edel und salbeiwürzig Filet im Blätterteig

Für 4 Personen:
450 g TK-Blätterteig (in extragroßen Scheiben)
1/2 Bund Salbei | 1 EL Öl
**600 g Schweinefilet in 2 Stücken
  (aus der Mitte)**
Salz | Pfeffer | 4 Scheiben Parmaschinken
1 Eigelb | 2 EL Milch
Außerdem:
Mehl für die Arbeitsfläche
Backpapier für das Blech

Zubereitungszeit: ca. 20 Min.
Backzeit: ca. 25 Min.
Pro Portion: ca. 710 kcal

1 Die Blätterteigplatten nebeneinander bei Zimmertemperatur in 10–15 Min. auftauen lassen. Salbei waschen und trockenschütteln, die Blätter abzupfen und fein hacken.

2 Die Fleischstücke in dem Öl bei starker Hitze rundum anbraten. Salzen und pfeffern, etwas abkühlen lassen. Den Backofen auf 200° (Umluft 180°) vorheizen. Ein Backblech mit Backpapier auslegen.

3 2 Blätterteigscheiben mit dem Salbei bestreuen. Mit den beiden anderen Scheiben abdecken und jeweils auf wenig Mehl zu einem Rechteck von ca. 20 x 30 cm ausrollen.

4 Jedes Filetstück mit 2 Scheiben Schinken umwickeln und auf je 1 Teigrechteck setzen. In den Teig wickeln, an den Seiten einschlagen und festdrücken. Mit der Nahtstelle nach unten auf das Blech setzen. Eigelb und Milch verquirlen, die Teigpakete damit bestreichen. Im heißen Ofen (Mitte) ca. 25 Min. backen.

5 Das Fleisch aus dem Ofen nehmen und vor dem Anschneiden mit einem Küchentuch bedeckt 5 Min. ruhen lassen. Jedes Filet schräg in 4 Stücke schneiden und jeweils 2 auf vier Tellern anrichten. Dazu schmeckt Blattspinat.

Rollen zum Sattessen *saftiger Braten*

1

2

3

macht was her **Rinderrollbraten mit Kräutern**

Für 4–6 Personen:
4 Brötchen | 4 EL Butter | 2 Zwiebeln
2 Knoblauchzehen
je 1 Bund glatte Petersilie und Basilikum
1 Zweig Thymian | 4 Zweige Dill
300 g Kalbsbrät | 2 Eier | Salz | Pfeffer
edelsüßes Paprikapulver
1,2 kg Rindfleisch aus der Oberschale
  (so halbiert, dass das Fleisch an der Breit-
  seite noch zusammenhängt; vom Metzger
  vorbereiten lassen)
200 g Lachsschinken in dünnen Scheiben
2 Bund Suppengrün | 2 EL Öl
375 ml Fleischbrühe (Instant)
Außerdem:
Küchengarn zum Festbinden

Zubereitungszeit: ca. 1 Std. 15 Min.
Schmorzeit: ca. 1 Std.
Bei 6 Personen pro Portion: ca. 580 kcal

1 Für die Füllung die Brötchen in kleine Würfel schneiden. 3 EL Butter erhitzen und die Brötchen darin goldbraun rösten. In einer Schüssel abkühlen lassen. Die Zwiebeln und den Knoblauch schälen, fein hacken und in der restlichen Butter in 2–3 Min. glasig braten.

2 Die Kräuter waschen und trockenschütteln, die Blättchen abzupfen und fein hacken. Mit dem Kalbsbrät, den Eiern und den Zwiebeln zu den Brötchen geben. Alles gut mischen. Mit Salz, Pfeffer und Paprika kräftig würzen.

3 Den Backofen auf 200° (Umluft 180°) vorheizen. Das Rindfleisch auf einem Küchentuch ausbreiten, salzen und pfeffern. Mit dem Lachsschinken belegen **(Step 1)** und die Füllung darauf verteilen, dabei einen ca. 3 cm breiten Rand frei lassen **(Step 2)**. Das Fleisch von der Breitseite her mit Hilfe des Küchentuchs aufrollen **(Step 3)**. Mit Küchengarn umwickeln und festbinden.

4 Das Suppengrün putzen, waschen und grob hacken. Das Öl in einem Bräter erhitzen und das Fleisch darin bei starker Hitze rundum anbraten. Das Suppengrün daneben verteilen und die Brühe angießen. Den Braten im heißen Backofen (Mitte) ca. 1 Std. schmoren. Aus dem Bräter nehmen und auf einer Platte im abgeschalteten Backofen ca. 15 Min. ziehen lassen.

5 Inzwischen den Bratensaft mit dem Suppengrün pürieren und abschmecken. Die Sauce getrennt zum Fleisch reichen.

Tauschbörse
Eine preiswertere Alternative zum Rindfleisch ist **Putenfleisch.** Ebenfalls preiswert, aber deftiger: **Schweinebauch.**

Clever zubereiten!

Wichtig bei allen **Rollbraten** *ist, dass die Füllung nicht ganz bis an den Rand auf dem Fleisch verteilt wird, sondern dass immer ein ca. 3 cm breiter Rand frei bleibt. Auf diese Weise wird die Füllung beim Aufrollen nicht herausgedrückt. Aufgerollt wird das Fleisch immer von der Breitseite her und danach sorgfältig mit Küchengarn verschnürt. Vor dem Aufschneiden des Bratens das Küchengarn dann entfernen.*

Clever genießen!

Wenn Sie die **Beilage** *gleich mit dabei haben wollen: Pro Person einfach 150 g Kartoffeln abbürsten, nach Belieben schälen und in Viertel schneiden. Ca. 40 Min. vor Ende der Garzeit um den Braten verteilen und mit Brühe knapp bedecken.* **Weitere Rezepte** *für passende (und dazu noch gerollte) Beilagen finden Sie auf den folgenden beiden Seiten.*

Rollen zum Sattessen *und dazu Beilagen*

schwäbische Bratenbeilage **Grießschnecken**

Für 4 Personen:
250 g Mehl
Salz | 450 ml Milch
1 Ei | 1 EL Öl
80 g Butter | 120 g Grieß

Zubereitungszeit: ca. 40 Min.
Pro Portion: ca. 585 kcal

1 Das Mehl auf die Arbeitsfläche sieben. Mit 1 Prise Salz, 100 ml Milch, dem Ei und dem Öl zu einem festen, geschmeidigen Teig verkneten. Mit einem Küchentuch bedeckt kurz ruhen lassen.

2 Inzwischen die Butter erhitzen. Den Grieß einrieseln lassen und unter ständigem Rühren goldbraun braten. Die restliche Milch dazugeben und den Grieß ca. 8 Min. quellen lassen. Die Masse mit Salz würzen.

3 Den Teig auf wenig Mehl dünn ausrollen. Die Teigplatte mit der Grießmasse bestreichen, dabei einen Rand von ca. 1 cm freilassen. Aufrollen und die Ränder fest zusammendrücken. Die Teigrolle in ein sauberes Küchentuch wickeln, die Enden des Tuches locker abbinden.

4 In einem großen Topf reichlich Wasser aufkochen, salzen. Die Teigrolle darin bei schwacher Hitze ca. 15 Min. ziehen lassen. Herausnehmen und abtropfen lassen. Aus dem Tuch wickeln und quer in ca. 2 cm dicke Scheiben schneiden.

aus Sachsen gerollt **Wickelklöße**

Für 4 Personen:
500 g Pellkartoffeln vom Vortag (vorwiegend festkochende Sorte)
250 g Mehl
2 Eier
1 Prise frisch geriebene Muskatnuss
Salz
50 g Butter
100 g Semmelbrösel
1 Eiweiß
Außerdem:
Mehl für die Arbeitsfläche

Zubereitungszeit: ca. 1 Std.
Pro Portion: ca. 510 kcal

1 Die Kartoffeln pellen und in eine Schüssel reiben. Das Mehl, die Eier, Muskat und Salz dazugeben. Alles zu einem elastischen Teig verkneten und kurz ruhen lassen. Inzwischen die Butter erhitzen und die Semmelbrösel darin unter Rühren hellbraun rösten.

2 In einem großen Topf reichlich Wasser aufkochen, salzen. Den Teig auf der gut bemehlten Arbeitsfläche dünn ausrollen und in ca. 13 x 18 cm große Stücke schneiden. Das Eiweiß etwas verschlagen, die Teigstücke damit bestreichen.

3 Auf jedes Teigstück 1 EL Semmelbrösel geben, dabei die Ränder freilassen. Die Teigstücke aufrollen und die Ränder gut zusammendrücken.

4 Die Klöße im siedenden Wasser bei schwächster Hitze in ca. 25 Min. gar ziehen lassen (sie dürfen nicht kochen!). Mit einem Schaumlöffel herausheben und abtropfen lassen. Nach Belieben 1–2 Mal quer durchschneiden und servieren.

Rollen zum Sattessen *mit Geflügel*

spannend gewürzt Putenrouladen indisch

Für 4 Personen:
4 Scheiben Putenbrustfilet (je ca. 125 g)
Salz | 1/2 Bund glatte Petersilie
1 rote Paprikaschote
2 Frühlingszwiebeln
1 Knoblauchzehe
4 EL Butterschmalz
30 g gemahlene Mandeln
25 g Kokosraspel
Schale und Saft von 1 unbehandelten Limette
1 Ei | 1 milde Zwiebel
1–2 mehlig kochende Kartoffeln
200 ml Geflügelfond (aus dem Glas)
Kreuzkümmelpulver | Rohrzucker
Zitronenpfeffer (ersatzweise Pfeffer)
Außerdem:
Küchengarn zum Umwickeln

Zubereitungszeit: ca. 45 Min.
Garzeit: ca. 30 Min.
Pro Portion: ca. 400 kcal

1 Die Putenfiletscheiben kalt abspülen, trockentupfen, zwischen zwei Lagen Frischhaltefolie flach klopfen und salzen.

2 Die Petersilie waschen und trockenschütteln, die Blättchen abzupfen und fein hacken. Die Paprika waschen, putzen und klein würfeln. Die Frühlingszwiebeln putzen, waschen und in dünne Ringe schneiden. Den Knoblauch schälen.

3 2 EL Butterschmalz erhitzen und die Frühlingszwiebeln darin bei mittlerer Hitze 2–3 Min. braten. Den Knoblauch dazupressen, die Paprika dazugeben und alles 5–7 Min. schmoren lassen. Vom Herd nehmen. Die Petersilie, die Mandeln, die Kokosraspel, die Limettenschale und das Ei unterrühren und mit Salz abschmecken. Die Masse auf die Putenfiletscheiben streichen. Aufrollen, mit Küchengarn umwickeln und festbinden.

4 Den Backofen auf 180° (Umluft 160°) vorheizen. Die Zwiebel schälen und klein würfeln. Die Kartoffeln schälen. Das restliche Butterschmalz in einem Bräter erhitzen, die Rouladen darin rollen und wieder herausnehmen. Die Zwiebeln im Bräter 8–10 Min. anbraten. Den Fond angießen, die Kartoffeln dazureiben und alles ca. 10 Min. kochen lassen. Mit Limettensaft und je 1 Prise Kreuzkümmel, Zucker und Pfeffer würzen.

5 Die Rouladen in die Sauce legen und zugedeckt im heißen Ofen (Mitte) 25–30 Min. garen. Küchengarn entfernen, Rouladen in dicke Scheiben schneiden und auf der Sauce anrichten.

Geschmacksvariante

Wen nicht kulinarisches Fern-, sondern Heimweh an den Herd treibt, wird mit **Putenrouladen mit Kräuterfrischkäse** glücklich. Vor allem im Frühling, wenn es frische heimische Kräuter zu kaufen gibt. Für 4 Portionen 2 mittelgroße Möhren schälen, putzen und in dünne Stifte schneiden. 1 Zwiebel schälen und klein würfeln. 1 TL Butterschmalz erhitzen und die Zwiebel und die Möhren darin bei schwacher Hitze ca. 5 Min. braten, dann etwas abkühlen lassen. 2 EL gemischte gehackte Kräuter (z. B. Petersilie, Dill, Kerbel, Zitronenmelisse) mit 100 g Doppelrahm-Frischkäse, 1 Eigelb und 1 EL mittelscharfem Senf verrühren, mit Salz und Pfeffer abschmecken. 4 Putenschnitzel (je ca. 150 g) kalt abspülen, trockentupfen und mit dem Kräuterkäse bestreichen. Das abgekühlte Gemüse darauf verteilen, jeweils den Rand freilassen. Die Schnitzel aufrollen und mit Holzspießchen feststecken. 2–3 EL Butterschmalz erhitzen und die Rouladen darin von allen Seiten braun anbraten. 1/4 l heiße Geflügelbrühe (Instant) und 4 EL trockenen Wermut (z. B. Noilly Prat) angießen und die Rouladen zugedeckt bei schwacher Hitze ca. 20 Min. garen. Dann 2 EL Crème fraîche in den Schmorfond einrühren. Dazu schmecken Petersilienkartoffeln.

Rollen zum Sattessen *mit Geflügel*

fürs Dinner for Two Entenbrust im Rotkohlblatt

Für 2 Personen:
Salz
1 kleiner Rotkohl (ca. 800 g)
1 Entenbrustfilet
Pfeffer
2 EL Olivenöl
1 mittelgroße Zwiebel
1–2 TL getrockneter Majoran
100 ml trockener Weißwein
1 Orange
2 EL Crème fraîche
Außerdem:
Holzspießchen zum Feststecken

Zubereitungszeit: ca. 1 Std.
Pro Portion: ca. 660 kcal

1 In einem großen Topf reichlich Wasser aufkochen und salzen. Den ganzen Rotkohl hineingeben und ca. 7–8 Min. blanchieren, bis die oberen Blätter sich lösen lassen.

2 Inzwischen das Entenbrustfilet kalt abspülen und trockentupfen. Die Haut mit einem scharfen Messer rautenförmig einschneiden, das Entenbrustfilet mit Salz und Pfeffer einreiben.

3 Das Öl in einer großen beschichteten Pfanne erhitzen und die Entenbrust zuerst auf der Hautseite in ca. 5 Min. knusprig anbraten. Wenden, etwas Wasser angießen und die Entenbrust zugedeckt bei mittlerer Hitze ca. 15 Min. dünsten.

4 Den Rotkohl aus dem Wasser nehmen, in einem Sieb gut abtropfen und etwas auskühlen lassen. 4 große Blätter vorsichtig lösen, den restlichen Rotkohl ohne Strunk grob hacken. Die Zwiebel schälen und in feine Ringe schneiden.

5 Die Entenbrust aus der Pfanne nehmen, in Alufolie wickeln und ruhen lassen. Die Zwiebelringe im Entenbratfett bei mittlerer Hitze goldbraun braten. Den gehackten Rotkohl dazugeben. Alles gut durchrühren und mit Salz, Pfeffer und Majoran würzen. Den Wein angießen.

6 Die Orange so schälen, dass auch die weiße Innenhaut entfernt wird, und die Orange quer in 4 Scheiben schneiden. 2 Orangenscheiben noch einmal halbieren. Die Entenbrust in 8 Scheiben schneiden.

7 Jeweils 2 Scheiben Entenbrust und 1/2 Orangenscheibe in ein Rotkohlblatt wickeln und mit Holzspießchen feststecken.

8 Die Rotkohlpäckchen auf den Rotkohl legen und alles zugedeckt weitere 10 Min. dünsten. Jeweils zwei Päckchen auf einem Teller anrichten. Die Crème fraîche unter den Rotkohl ziehen und daneben anrichten. Mit den restlichen beiden Orangenscheiben garnieren.

Getränk
Klassisch zu Ente und Rotkohl trinkt man natürlich einen **kräftigen Rotwein.** Ein schöner Rioja, zum Beispiel der 2001er Valserrano, schmeckt vorzüglich dazu. Aber keine Angst vor »Stilbruch«: Ein **spritziger Weißwein,** etwa ein Riesling oder ein Grüner Veltliner, harmonieren wunderbar. Nehmen Sie am besten denselben Wein, mit dem Sie den Rotkohl aufgegossen haben.

Clever *einkaufen!*

Beachten Sie beim Einkauf, dass es verschiedene Arten von **Entenbrust** *gibt. Die kleineren vom Weibchen sind zarter, aromatischer und saftiger, die größeren vom Erpel dagegen kräftiger und würziger im Geschmack. Besonders beliebt bei Feinschmeckern ist die Barbarie-Ente, eine Kreuzung zwischen Flugentenweibchen und wildem Erpel, die hauptsächlich in der Bretagne gezüchtet wird.*

Rollen zum Sattessen *mit Fisch*

1

2

3

Edles aus Sizilien Schwertfischrouladen

(im Bild vorne)

Für 4 Personen:
*4 lange dünne Scheiben Schwertfisch
   (je ca. 180 g)
Salz | 1 Zwiebel | 2 Knoblauchzehen
1 Bund glatte Petersilie | 1 EL Kapern (Glas)
5 EL Olivenöl | 3 EL Semmelbrösel
1/2 TL getrockneter Thymian
1 Prise Cayennepfeffer | Salz | Pfeffer
50 g Provolone (ersatzweise Mozzarella)*
Für die Sauce:
*125 ml Olivenöl | 7–8 EL Zitronensaft
1/2 TL getrockneter Oregano*
Außerdem:
Holzspießchen zum Feststecken

Zubereitungszeit: ca. 1 Std.
Pro Portion: ca. 650 kcal

1 Von den Fischscheiben die Haut entfernen, die Scheiben kalt abspülen und trockentupfen. Mit wenig Salz bestreuen und kühl stellen.

2 Zwiebel und Knoblauch schälen und klein würfeln. Die Petersilie waschen, die Blättchen und die Kapern fein hacken. Zwiebel und Knoblauch in 2 EL Olivenöl glasig braten. Semmelbrösel einrühren und kurz anrösten. Vom Herd nehmen, die Hälfte der Petersilie und den Thymian einrühren. Mit Cayenne, Salz und Pfeffer würzen.

3 Den Käse in dünne Scheibchen schneiden. Die Fischscheiben gleichmäßig mit den Kräuterbröseln bestreuen, mit den Käsescheiben belegen und aufrollen. Mit Holzspießchen feststecken und im restlichen Öl 7–8 Min. rundum braten.

4 Für die Sauce 1/4 TL Salz in 100 ml warmem Wasser auflösen. Das Olivenöl in eine kleine Schüssel geben und in ein warmes Wasserbad setzen. Nach und nach das Salzwasser und den Zitronensaft einfließen lassen, kräftig unter das Öl schlagen. Restliche Petersilie und Oregano unterrühren, zu den Rouladen servieren.

lorbeerwürzig Sardinenspieße

(im Bild hinten)

Für 4 Personen:
*500 g küchenfertige Sardinen (frisch oder TK)
1 Bund glatte Petersilie | 4 Knoblauchzehen
3 EL Walnusskerne | 2 EL frisch geriebener
Parmesan | 2 EL trockener Sherry (Fino) | 2–3 EL
Zitronensaft | 10 EL Olivenöl | Salz | Pfeffer |
250 g festes Weißbrot | 8–12 Lorbeerblätter*
Außerdem:
Rouladen- oder Holzspieße

Zubereitungszeit: ca. 1 Std. 15 Min.
Pro Portion: ca. 605 kcal

1 Die Sardinen gründlich waschen. Köpfe und Schwänze abschneiden. Die Fische seitlich auseinanderklappen und die Mittelgräten herauslösen **(Step 1)**. Die Fische trockentupfen.

2 Die Petersilie waschen und trockenschütteln, die Blättchen fein hacken. Knoblauch schälen und klein würfeln. Die Walnüsse fein hacken, mit Knoblauch und Petersilie mischen. Mit Parmesan, Sherry, 2–3 EL Zitronensaft und 5 EL Öl zu einer Paste rühren, salzen und pfeffern.

3 Die Sardinen dick mit der Paste bestreichen **(Step 2)** und aufrollen **(Step 3)**. Das Brot in große Würfel schneiden. Lorbeerblätter im restlichen Öl kurz wenden. Röllchen, Brot und Lorbeer abwechselnd auf die geölten Spieße stecken.

4 Den Backofen auf 250° (Umluft 230°) vorheizen. Ein Blech mit Alufolie auslegen, dünn mit Öl bestreichen. Spieße darauf legen. Brot und Fisch mit restlichem Öl bestreichen. Im heißen Ofen (Mitte) ca. 15 Min. garen, dabei einmal wenden.

Rollen zum Sattessen mit Fisch

Scharfes aus Thailand **Kabeljau in Bananenblättern**

Für 4 Personen:
400 g Kabeljaufilet
4 EL Fischsauce | Pfeffer
10 Kaffir-Limettenblätter
200 g gemischtes Hackfleisch
2 EL rote Currypaste
7 EL ungesüßte Kokosmilch (aus der Dose)
2 Eier | 2 große Bananenblätter (ersatzweise Alufolie)
Außerdem:
Holzspießchen zum Feststecken

Zubereitungszeit: ca. 1 Std.
Pro Portion: ca. 350 kcal

1 Fisch kalt abspülen, trockentupfen und in ca. 1 cm breite Streifen schneiden. 1 EL Fischsauce und 1/2 TL Pfeffer verrühren, die Fischstreifen darin zugedeckt ca. 10 Min. kalt stellen.

2 Die Limettenblätter waschen, trockentupfen und in hauchdünne Streifen schneiden. Das Hackfleisch mit der Currypaste und der Kokosmilch verrühren. Restliche Fischsauce, Eier und Limettenblätter untermischen. Den Fisch vorsichtig unterrühren.

3 Bananenblätter feucht abreiben, in ca. 20 cm breite Stücke schneiden. Je 2 Stücke übereinander legen, so dass 4 Portionshüllen entstehen. Die Fischmasse gleichmäßig darauf verteilen.

4 Backofengrill auf 190° vorheizen. Die breiten Seiten der Bananenblätter oben so einschlagen, dass sich die Kanten in der Mitte 2–3 cm überlappen. Mit einem Holzspießchen feststecken. Beide unteren Seiten nach innen klappen, mit Holzspießchen feststecken. Im heißen Ofengrill (Mitte) ca. 20 Min. grillen, dabei ab und zu wenden.

Fisch fein verpackt # Rotbarsch in Wirsing

Für 4 Personen:
800 g Wirsing | Salz
4 Rotbarschfilets (je ca. 200 g)
Saft von 1/2 Zitrone
4 EL Crème fraîche | 2 Eier | Pfeffer
2 EL mittelscharfer Senf
1/2 TL getrocknetes Basilikum
2 EL Öl | 1/8 l trockener Weißwein
1/8 l heiße Gemüsebrühe (Instant)
Außerdem:
Küchengarn zum Umwickeln

Zubereitungszeit: ca. 40 Min.
Garzeit: ca. 30 Min.
Pro Portion: ca. 435 kcal

1 Den Wirsing im Ganzen in reichlich kochendem Salzwasser 8–10 Min. blanchieren. Kalt abschrecken und abtropfen lassen.

2 Die Fischfilets kalt abspülen, trockentupfen, grob schneiden und mit dem Zitronensaft, der Crème fraîche, den Eiern, 1/2 TL Pfeffer und 1 EL Senf fein pürieren. Das Basilikum zerreiben und untermischen. Die Masse mit Salz würzen.

3 Vom Wirsing 12–16 äußere Blätter abtrennen, Mittelrippen flach schneiden. Jeweils 3–4 Blätter übereinander legen und mit der Fischfarce bestreichen. Die Blätter seitlich einschlagen, aufrollen, mit Küchengarn umwickeln und festbinden. Rouladen in 1 EL Öl bei mittlerer Hitze rundum anbraten. Restlichen Senf mit Weißwein verrühren und zu den Rouladen gießen. Zugedeckt ca. 30 Min. dünsten.

4 Restlichen Wirsing klein schneiden. Im übrigen Öl mit der Brühe 15 Min. garen, salzen und pfeffern. Zu den Rouladen servieren.

Rollen zum Sattessen mit Fisch

edle Päckchen Lachs in der Lauchrolle

Für 4 Personen:
4 Lachssteaks (je ca. 150 g)
Saft von 1/2 Zitrone
4 dicke Stangen Lauch
4 dicke Möhren (ca. 500 g)
Salz / Pfeffer
2 EL Olivenöl
150 ml Fischfond (aus dem Glas; ersatzweise Gemüsebrühe)
2 Prisen frisch geriebene Muskatnuss
150 g Crème fraîche
2 EL Schnittlauchröllchen
Außerdem:
8 Holzspießchen zum Feststecken

Zubereitungszeit: ca. 1 Std.
Pro Portion: ca. 565 kcal

1 Die Lachssteaks kalt abspülen, trockentupfen. Längs halbieren, dabei Grätenbein und Haut entfernen. Mit 1 EL Zitronensaft beträufeln und zugedeckt ziehen lassen.

2 Inzwischen den Lauch putzen. Die Stangen längs bis zur Mitte einschneiden und von jeder Stange die äußeren 4 großen Blätter abziehen. Die Möhren putzen und waschen. Mit einem Sparschäler lange dünne Bänder abschneiden.

3 Reichlich Salzwasser zum Kochen bringen, die Möhrenbänder und die Lauchblätter darin ca. 1 Min. blanchieren. Mit einem Schaumlöffel herausheben und gut abtropfen lassen. Den restlichen Lauch in Ringe schneiden und waschen. Die Möhrenreste klein schneiden.

4 Die Lachssteaks trockentupfen, salzen und pfeffern. Je 2 blanchierte Lauchblätter längs übereinanderlappend ausbreiten, mit Möhrenbändern auslegen, dabei den Rand freilassen. Je 1 Steak darauf legen, fest einrollen, mit Holzspießchen fixieren.

5 Die klein geschnittenen Möhren in dem Öl unter ständigem Rühren andünsten, die Lauchringe dazugeben und mitdünsten. Den Fischfond angießen, mit Muskat würzen.

6 Die Lauchrollen mit der Naht nach unten auf das Gemüse setzen und zugedeckt bei mittlerer Hitze ca. 15 Min. dünsten. Herausnehmen und auf vier vorgewärmte Teller geben.

7 Die Crème fraîche in das Gemüse rühren und mit Salz, Pfeffer, Muskat und restlichem Zitronensaft würzen. Neben den Lauchrollen anrichten und mit Schnittlauch bestreut servieren.

Tauschbörse
Nicht nur zarter Lachs lässt sich von Möhren und Lauch köstlich umhüllen, auch würziger **Schafkäse** (Feta) passt sehr gut hinein und ist nicht nur für Vegetarier eine schmackhafte Alternative. Einfach 400 g Schafkäse trockentupfen und längs in insgesamt 8 Stücke schneiden. Mit Pfeffer kräftig würzen und in die Möhrenbänder und Lauchblätter wickeln.

Getränk
Zu diesem sehr feinen und aromatischen Gericht darf es auch mal ein prickelnder **Prosecco** sein. Alternativ ein leichter, nicht allzu fruchtiger **Grauburgunder** oder ein spritziger **Roséwein**.

Clever einkaufen!

*Gesundheitsbewusste sollten bei Lachs etwas tiefer in die Tasche greifen. Leider kommt Lachs meist aus **Aquakulturen**, wo er wenig artgerecht gehalten und mit Antibiotika und Farbstoffen gezüchtet wird. Die Alternative heißt **Wildwasserlachs**, der zwar auch ein Zuchtprodukt ist, aber wenigstens aus freiem Wildwasser kommt.*

Rollen zum Sattessen *Sushi*

78

mal nicht mit rohem Fisch Maki-Sushi mit Heilbutt

Für 24 Stück:
100 g frisches Heilbuttfilet
2 EL Teriyaki-Marinade (Fertigprodukt)
2 Noriblätter | 2 TL Wasabipulver | 2 EL Öl
2 schöne Salatblätter (z. B. Lollo Rosso)
1 Stück Lauch (ca. 50 g)
4 Portionen Sushi-Reis (siehe rechts)
Außerdem:
Bambus-Rollmatte | japanische Sojasauce eingelegter Ingwer

Zubereitungszeit: ca. 40 Min.
Marinierzeit: ca. 30 Min.
Pro Stück: ca. 35 kcal

1 Fischfilet kalt abspülen, trockentupfen und in gleichmäßige Streifen schneiden. Mit der Teriyaki-Marinade vermischen. Zugedeckt im Kühlschrank 30 Min. marinieren. Noriblätter in einer beschichteten Pfanne einseitig rösten, bis sie duften. Herausnehmen, abkühlen lassen, mit einer Küchenschere halbieren.

2 Das Wasabipulver mit 3 TL Wasser cremig verrühren und quellen lassen. Die Fischstreifen in dem Öl rundherum 1 Min. braten. Aus der Pfanne nehmen und auf Küchenpapier entfetten.

3 Die Salatblätter waschen, trockentupfen und in Streifen schneiden. Lauch putzen, längs halbieren, fein hacken, waschen und abtropfen lassen.

4 Jeweils 1/2 Noriblatt mit der glatten Seite nach unten auf die Bambus-Rollmatte legen. Der Rand sollte vorne mit der Matte abschließen. Das Noriblatt dünn mit Wasabipaste bestreichen. Darauf ca. 1/2 cm hoch Reis streichen, dabei vorne und hinten einen ca. 1 cm breiten Rand frei lassen. Im vorderen Drittel eine Querrille für die Füllung eindrücken **(Step 1)**, Fisch, Salat und Lauch hineinlegen **(Step 2)**.

5 Die Bambusmatte anheben und damit das Noriblatt und den Reis um die Füllung herum zu einer Rolle formen **(Step 3)**. Dann die Matte fest aufrollen. An den offenen Seiten den Reis andrücken.

6 Die Matte entfernen. Die Sushi-Rolle mit einem scharfen Messer halbieren. Beide Hälften parallel aneinander legen und dritteln – ergibt 6 Sushi. Mit der Schnittfläche nach oben anrichten. Dazu Sojasauce und restliche Wasabipaste zum Dippen und eingelegten Ingwer servieren.

Grundrezept Sushi-Reis

Für 8 Personen:
250 g Sushi-Reis (japanischer Rundkornreis)
2 EL japanischer Reisessig
2 EL Zucker | 1 TL Salz

Zubereitungszeit: ca. 35 Min.
Zeit zum Abtropfen: 1 Std.
Pro Portion: ca. 110 kcal

1 Den Reis in einem Sieb so lange kalt abspülen, bis das Wasser klar abläuft. Dann 1 Std. abtropfen lassen.

2 Reis mit 300 ml Wasser aufkochen und bei starker Hitze ca. 2 Min. kochen. Dann zugedeckt bei kleinster Hitze ca. 10 Min. ausquellen lassen.

3 Den Deckel abnehmen und den Reis mit einem sauberen Küchentuch bedecken. Den Reis ca. 10 Min. abkühlen lassen. Inzwischen den Reisessig mit dem Zucker und dem Salz einmal aufkochen und abkühlen lassen.

4 Den Reis in eine Schüssel füllen. Würzessig darüber träufeln und den Reis mit einem Holzspatel auflockern. Bis zur Verwendung mit einem feuchten Küchentuch abdecken, damit der Reis nicht austrocknet.

Rollen zum Sattessen *Sushi*

zartes Fleisch eingetütet Temaki-Sushi mit Rind

(im Bild rechts)

Für 8 Stück:
150 g Rinderfilet
2 EL Teriyaki-Marinade (Fertigprodukt)
4 Noriblätter | 1 EL Sesamsamen
1 TL Wasabipulver | 1 EL Öl | 2 Frühlingszwiebeln
4 Portionen Sushi-Reis (Rezept S. 79)
Außerdem:
eingelegter Ingwer

Zubereitungszeit: ca. 30 Min.
Marinierzeit: ca. 30 Min.
Pro Stück: ca. 105 kcal

1 Das Fleisch in schmale, ca. 3 cm lange Streifen schneiden. Mit der Teriyaki-Marinade vermischen und zugedeckt 30 Min. marinieren.

2 Die Noriblätter in einer beschichteten Pfanne einseitig rösten, bis sie duften. Herausnehmen, abkühlen lassen. Sesam in die Pfanne geben und unter Rühren goldbraun rösten. Herausnehmen und ebenfalls abkühlen lassen. Die Noriblätter mit einer Küchenschere halbieren.

3 Das Wasabipulver mit 3 TL Wasser cremig verrühren und quellen lassen. Die Fleischstreifen in dem Öl bei starker Hitze unter ständigem Rühren 1–2 Min. anbraten. Auf Küchenpapier entfetten. Die Frühlingszwiebeln putzen, waschen und in dünne Ringe schneiden.

4 Jeweils 1/2 Noriblatt in Querrichtung, mit der glatten Seite nach unten, in die linke Handfläche legen, mit etwas Wasabipaste bestreichen. Mit der angefeuchteten rechten Hand etwas Sushi-Reis, dann jeweils etwas Fleisch, Frühlingszwiebeln und Sesam darauf legen. Leicht andrücken.

5 Die linke untere Ecke des Noriblatts nach rechts falten und das Blatt mit der Füllung zur Tüte zusammendrehen. Die Seitennaht mit Wasabipaste bestreichen und festkleben. Mit eingelegtem Ingwer servieren.

einfach edel Nigiri-Sushi mit Tunfisch

(im Bild links)

Für 8 Stück:
1 Bund Schnittlauch | 2 TL Wasabipulver
150 g frisches Tunfischfilet
4 Portionen Sushi-Reis (Rezept S. 79)
Außerdem:
japanische Sojasauce | eingelegter Ingwer

Zubereitungszeit: ca. 30 Min.
Pro Stück: ca. 80 kcal

1 Den Schnittlauch waschen und gut trockenschütteln. Das Wasabipulver mit 3 TL Wasser cremig verrühren und quellen lassen.

2 Aus dem Tunfischfilet evtl. noch vorhandene Gräten mit einer Pinzette entfernen. Fransige Seiten glatt schneiden. Das Filet schräg zur Faser in 8 dünne und möglichst gleich große Scheiben von etwa 3 x 5 cm schneiden. Diese mit Küchenpapier trockentupfen.

3 Eine Seite der Fischstücke hauchdünn mit Wasabipaste bestreichen. Mit angefeuchteten Händen jeweils 1 EL Sushi-Reis zu einem länglichen Klößchen formen. Die Fischstücke mit der bestrichenen Seite nach oben in die linke Handfläche legen. Darauf ein Reisklößchen drücken und von oben und unten sanft modellieren, bis Reis und Fisch gut verbunden sind. Sushi umdrehen, von oben mit den Fingern halbrund nachformen.

4 Die Sushi mit je zwei kleinen Schnittlauchhalmen garnieren und auf einer Platte anrichten. Mit Sojasauce und restlicher Wasabipaste zum Dippen und eingelegtem Ingwer servieren.

Rollen zum Sattessen *Tacos, Wraps & Co.*

82

| 1 | 2 | 3 |

Import aus Mexiko **Tacos mit Fleischfüllung**

Für 8 Stück:
1/4 l Fleischbrühe (Instant)
350 g Rinderfilet | Salz
1 Dose Kidneybohnen (255 g Abtropfgewicht)
2 kleine Fleischtomaten
2–3 EL Öl | 8 Weizentortillas
   (Fertigprodukt oder Rezept s. rechts)
8 große Kopfsalat-Blätter
8 EL Crème fraîche
8 EL kalte Tomatensauce (Rezept S. 89;
   ersatzweise Taco-Sauce, Fertigprodukt)
100 g mittelalter Gouda

Zubereitungszeit: ca. 1 Std.
Pro Stück: ca. 370 kcal

1 Die Fleischbrühe aufkochen. Das Rinderfilet hineingeben und zugedeckt bei mittlerer Hitze ca. 30 Min. garen. Das Fleisch aus der Brühe nehmen, abkühlen lassen, klein schneiden und leicht salzen.

2 Inzwischen die Bohnen abgießen, die Flüssigkeit dabei auffangen. Die Bohnen mit der Hälfte der Flüssigkeit fein pürieren. Die Tomaten waschen, halbieren und klein würfeln, dabei die Stielansätze entfernen.

3 Das Öl in einer beschichteten Pfanne erhitzen, die fertigen Weizentortillas nacheinander kurz darin wenden, damit sie weich werden. Herausnehmen und auf die Arbeitsfläche legen.

4 Die Salatblätter waschen und trockentupfen. Das Bohnenpüree auf die Tortillas streichen und mit je 1 Salatblatt belegen. Dann das Rindfleisch darauf verteilen.

5 Tomatenwürfel auf die Tortillas geben. Je 1 EL Crème fraîche und Tomatensauce darauf geben.

6 Den Gouda grob über die Tortillas raspeln. Die Tortillas aufrollen und sofort servieren.

Grundrezept **Weizentortillas**

Für 8 Stück:
175 g Weizenmehl
1 TL Salz
Außerdem:
Mehl für die Arbeitsfläche

Zubereitungszeit: ca. 45 Min.
Pro Stück: ca. 70 kcal

1 Das Mehl in eine Schüssel geben, das Salz dazugeben. Unter ständigem Rühren 100 ml lauwarmes Wasser langsam dazugießen. Den Teig am besten mit den Händen kneten, bis er geschmeidig ist und nicht mehr klebt. Zugedeckt ca. 15 Min. ruhen lassen.

2 Den Teig in 8 gleich große Portionen teilen. Jede Portion auf wenig Mehl zu einem dünnen kreisrunden Fladen von ca. 15 cm Ø ausrollen **(Step 1)**.

3 Eine beschichtete Pfanne ohne Fett erhitzen und die Teigkreise darin nacheinander bei mittlerer Hitze von jeder Seite ca. 1 Min. backen.

4 Sobald sich die Tortillas aufblähen, den Teig mit einem Pfannenwender sanft auf den Pfannenboden drücken, damit sie gleichmäßig backen **(Step 2)**. Die Tortillas sind gar, wenn sie dunkelbraune Flecken oder Punkte bekommen **(Step 3)**.

Getränk
Ob zu Tacos, Enchiladas, Burritos oder Wraps – zu all diesen mexikanischen Spezialitäten lassen Sie sich am besten ein kühles **mexikanisches Bier** schmecken.

Rollen zum Sattessen Tacos, Wraps & Co.

außen knusprig, innen zart Hähnchen-Enchiladas

Für 4 Personen:
1 große Zwiebel | 6–7 EL Öl | 1 EL Mehl
2 Dosen stückige Tomaten (800 g)
2 frische rote Chilischoten | Salz | Pfeffer
1/2 TL gemahlener Kreuzkümmel
1/4 TL getrockneter Thymian
1 Dose Kidneybohnen (255 g Abtropfgewicht)
500 g Hähnchenbrustfilet | 8 Weizentortillas
(Fertigprodukt oder Rezept S. 83)
150 g Cheddar, frisch gerieben

Zubereitungszeit: ca. 40 Min.
Backzeit: ca. 20 Min.
Pro Portion: ca. 895 kcal

1 Zwiebel schälen, klein würfeln und in 2 EL Öl glasig braten. Mehl kurz mitschwitzen. Tomaten mit Saft dazugeben. Offen leise kochen lassen. Chilis waschen, längs aufschneiden, entkernen, klein hacken und unterrühren. Mit den Gewürzen abschmecken. Kidneybohnen abgießen, kalt abspülen und dazugeben. Offen bei mittlerer Hitze leicht cremig einkochen lassen.

2 Das Fleisch kalt abspülen, trockentupfen, salzen und pfeffern. In 2 EL Öl auf jeder Seite ca. 3 Min. scharf anbraten. Herausnehmen und in lange, schmale Streifen schneiden. Tortillas im heißen Öl nacheinander kurz wenden, damit sie weich werden. Herausnehmen.

3 Backofen auf 200° (Umluft 180°) vorheizen. Ein Drittel Tomatensauce in eine flache feuerfeste Form geben. Tortillas mit etwas Sauce bestreichen, mit einigen Fleischstreifen belegen, aufrollen, in die Form legen. Restliche Sauce darüber verteilen, mit Käse bestreuen. Im heißen Ofen (Mitte) ca. 20 Min. backen.

scharfer Sommerspaß Zucchini-Enchiladas

Für 4 Personen:
2 Zwiebeln
4 Knoblauchzehen
2 frische rote Chilischoten
4 EL Sonnenblumenöl
2 Dosen stückige Tomaten (800 g)
Salz | 600 g kleine Zucchini
1 TL rosenscharfes Paprikapulver
1 TL getrockneter Oregano
*8 Weizentortillas
   (Fertigprodukt oder Rezept S. 83)*
150 g gekochter Schinken in Streifen
150 g junger Gouda, grob geraspelt
300 g saure Sahne
Außerdem:
Öl für die Form

Zubereitungszeit: ca. 35 Min.
Backzeit: ca. 20 Min.
Pro Portion: ca. 580 kcal

1 Die Zwiebeln und den Knoblauch schälen und klein würfeln. Chilis waschen, längs aufschneiden, entkernen und ebenfalls klein würfeln. Zwiebeln und Knoblauch in 2 EL Öl glasig braten. Chilis und Tomaten mit Saft einrühren, kurz mitschmoren. Salzen und offen bei schwacher Hitze ca. 20 Min. leise kochen lassen.

2 Backofen auf 225° (Umluft 200°) vorheizen. Die Zucchini putzen, waschen und in schmale Streifen schneiden. Mit Salz, Paprika und Oregano würzen. Eine feuerfeste Form fetten.

3 Restliches Öl in einer beschichteten Pfanne erhitzen, die Tortillas nacheinander kurz darin wenden, damit sie weich werden. Jeweils mit etwas Tomatensauce bestreichen. Zucchini- und Schinkenstreifen darauf legen, Tortillas aufrollen. Nebeneinander in die Form legen, wieder dünn mit Sauce bestreichen und mit Gouda bestreuen. Im Ofen (Mitte) ca. 20 Min. backen. Die Sahne cremig rühren und dazu servieren.

Rollen zum Sattessen *Tacos, Wraps & Co.*

Mexiko auf vegetarisch — **Enchiladas mit Käse**

Für 8 Stück:
1 Dose geschälte Tomaten (400 g)
1 frische rote Chilischote
1/8 l Gemüsebrühe (Instant)
1 Knoblauchzehe | 400 g Frischkäse
100 g Cheddar, frisch gerieben
4 Frühlingszwiebeln | 1 TL getrockneter Oregano
Salz | Pfeffer | 1 Bund Koriandergrün
Saft von 1 Limette | 2 EL Öl
8 Weizentortillas
   (Fertigprodukt oder Rezept S. 83)
je 3 Kopfsalat- und Eissalatblätter
2–3 mittelgroße Tomaten
Außerdem:
Öl für die Form

Zubereitungszeit: ca. 55 Min.
Backzeit: ca. 20 Min.
Pro Stück: ca. 310 kcal

1 Die Tomaten in einem Sieb gut abtropfen lassen. Die Chilischote waschen, längs aufschneiden, entkernen und mit den Tomaten und der Gemüsebrühe in einen Topf geben. Knoblauch schälen und dazupressen. Alles aufkochen und offen bei schwacher Hitze ca. 5 Min. leise kochen lassen. Dann fein pürieren, durch ein feines Sieb streichen und in ca. 15 Min. abkühlen lassen.

2 Frischkäse mit der Hälfte des Cheddars verrühren. Frühlingszwiebeln putzen, waschen, in dünne Ringe schneiden und untermischen. Die Masse mit dem Oregano, Salz und Pfeffer würzen.

3 Den Koriander waschen und trockenschütteln, die Blättchen abzupfen und fein hacken. Mit dem Limettensaft unter die abgekühlte Tomatensauce rühren. Die Sauce mit Salz abschmecken.

4 Den Backofen auf 220° (Umluft 200°) vorheizen. Eine flache feuerfeste Form fetten. Das Öl in einer beschichteten Pfanne erhitzen, die Tortillas nacheinander kurz darin wenden, damit sie weich werden. Herausnehmen und auf die Arbeitsfläche legen.

5 Die Tortillas mit Tomatensauce bestreichen. Die Hälfte der Käsemasse darauf verteilen, zusammenrollen und nebeneinander in die Form setzen. Die restliche Käsemasse darüber verteilen und den restlichen Cheddar darüber streuen. Die Enchiladas im heißen Ofen (Mitte) 15–20 Min. überbacken, bis der Käse leicht gebräunt ist.

6 Inzwischen die Salatblätter waschen, trockentupfen und in Streifen schneiden. Die Tomaten waschen und achteln, dabei die Stielansätze entfernen. Die Salatstreifen und Tomatenachtel auf vier Teller verteilen, die Enchiladas darauf anrichten. Mit der restlichen Tomatensauce servieren.

Getränk

Klarer Fall: Ein **helles Bier** aus Mexiko oder aus den USA passt perfekt zu den Käse-Enchiladas. Ein kräftiger **spanischer Rotwein** ist aber auch nicht verkehrt – genauso wie weißer oder brauner **Tequila**. Wenn Sie ihn pur servieren, Zitronenspalten und Salz nicht vergessen! Mit ersteren den Handrücken zwischen Daumen und Zeigefinder einreiben und etwas Salz aufstreuen. Das Salz ablecken, den Tequila trinken und in die Zitrone beißen. Wenn Sie einen Shaker und tiefgekühlte Eiswürfel haben, können Sie Barkeeper spielen und Ihren Gästen z. B. den Partyevergreen **Tequila Sunrise** mixen. So geht's: Für 1 Drink 6 cl weißen Tequila, 12 cl Orangensaft, 1 cl frisch gepressten Zitronensaft und 4 Eiswürfel in den Shaker geben. Verschließen, ca. 20 Sek. kräftig schütteln. Den Inhalt des Shakers durch den Siebeinsatz oder ein Barsieb in ein großes Glas (30 cl) auf 3–4 Eiswürfel gießen. 2 cl Grenadinesirup langsam am Rand in den Drink gießen. Mit Trinkhalm servieren und vor dem Trinken den Sirup spiralförmig von oben nach unten in den Drink ziehen.

Rollen zum Sattessen *Tacos, Wraps & Co.*

bunter Veggie-Mix Burritos mit Gemüsefüllung

Für 4 Personen:
1 kleine Zwiebel / 1 Möhre
4 EL Sonnenblumenöl / 2 Knoblauchzehen
1 kleiner Zucchino / 1 kleine rote Paprikaschote
2 TL Chilipulver / 1 TL Kreuzkümmelpulver
1 TL getrockneter Oregano / Salz / Pfeffer
1 Dose Mais (140 g Abtropfgewicht)
1 Dose Kidneybohnen (255 g Abtropfgewicht)
8 Weizentortillas
   (Fertigprodukt oder Rezept S. 83)

Zubereitungszeit: ca. 45 Min.
Pro Portion: ca. 625 kcal

1 Die Zwiebel schälen und klein würfeln. Die Möhre schälen, putzen und grob raspeln. 2 EL Öl in einer großen beschichteten Pfanne erhitzen und die Zwiebel und die Möhre darin bei schwacher Hitze ca. 5 Min. braten. Den Knoblauch schälen und dazupressen.

2 Den Zucchino waschen und putzen. Erst in ca. 1/2 cm dicke Scheiben, dann in kleine Würfel schneiden. Die Paprika längs halbieren, putzen, waschen und erst in Streifen, dann ebenfalls in kleine Würfel schneiden.

3 Die Paprika- und Zucchiniwürfel zu dem vorgedünsteten Gemüse in die Pfanne geben. Alles mit Chilipulver, Kreuzkümmel, Oregano, Salz und Pfeffer würzen und das Gemüse zugedeckt bei schwacher Hitze ca. 5 Min. dünsten.

4 Den Mais und die Kidneybohnen in einem Sieb kalt abspülen und abtropfen lassen. Unter das Gemüse mischen und alles zugedeckt weitere 10. Min. garen.

5 Das restliche Öl in einer beschichteten Pfanne erhitzen, die Tortillas nacheinander kurz darin wenden, damit sie weich werden. Herausnehmen und auf der Arbeitsfläche ausbreiten.

6 Die Gemüsefüllung auf den heißen Tortillas verteilen. Diese aufrollen und sofort servieren.

Clever *genießen!*

Ein heiß-kalter Begleiter zu den Gemüse-Burritos: chilischarfe **Guacamole.** *Für 4–6 Portionen 2 Fleischtomaten mit kochendem Wasser kurz überbrühen, häuten und quer halbieren. Kerne und Stielansätze entfernen, das Fruchtfleisch fein hacken. 1 kleine Zwiebel schälen und klein würfeln. 1 frische rote Chilischote waschen, längs aufschneiden, entkernen und winzig klein würfeln. 4 kleine, reife Avocados (am besten die Sorte »Hass«) längs halbieren und die Kerne herauslösen. Das Fruchtfleisch aus den Schalen lösen und mit dem Saft von 2 Limetten fein pürieren. Das Püree in eine Schüssel geben, die Tomaten, die Zwiebel- und die Chiliwürfel untermischen. 1 Bund Koriandergrün waschen und trockenschütteln, die Blättchen abzupfen, fein hacken und unter die Sauce rühren. Die Guacamole mit Salz, Pfeffer und 1 TL Kreuzkümmelpulver abschmecken. Wenn Ihnen die Guacamole zu gehaltvoll ist, servieren Sie* **kalte Tomatensauce** *zu den Burritos – ebenso schnell gerührt und nicht weniger »hot«: Für 4–6 Portionen 750 g Fleischtomaten mit kochendem Wasser kurz überbrühen, häuten und quer halbieren. Kerne und Stielansätze entfernen, das Fruchtfleisch würfeln und in eine Schüssel geben. 2 Zwiebeln schälen, klein würfeln und unter die Tomaten mischen. 2 frische grüne Chilischoten waschen, längs aufschneiden, entkernen und winzig klein würfeln. Mit dem Saft von 1 Limette unter die Tomaten mischen. Die Sauce mit Salz und Pfeffer kräftig abschmecken. 1 Bund Koriandergrün waschen und trockenschütteln, die Blättchen abzupfen, grob hacken und unter die Sauce rühren. Die Sauce bis zum Servieren kalt stellen.*

Rollen zum Sattessen *Tacos, Wraps & Co.*

mit Asia-Einschlag **Gemüse-Wraps**

Für 8 Stück:
400 g Möhren | 2 Stangen Staudensellerie
200 g Champignons
1 kleiner Romanasalat
16 kleine Cocktailtomaten
2 rote Zwiebeln
1 walnussgroßes Stück frischer Ingwer
2 EL Sonnenblumenöl
Salz | Pfeffer
8 Weizentortillas
   (Fertigprodukt oder Rezept S. 83)
Außerdem:
Holzspießchen zum Feststecken

Zubereitungszeit: ca. 30 Min.
Pro Stück: 135 kcal

1 Die Möhren putzen und schälen, den Sellerie putzen und waschen. Beides in kurze, feine Streifen schneiden. Die Pilze trocken abreiben, putzen und in Scheiben schneiden. Den Salat putzen, waschen, trockenschleudern und quer in ca. 1 1/2 cm dicke Streifen schneiden. Die Tomaten waschen und halbieren. Die Zwiebeln und den Ingwer schälen, die Zwiebeln in Ringe schneiden, den Ingwer fein hacken.

2 Möhren, Sellerie, Pilze, Zwiebeln und Ingwer in dem Öl bei starker Hitze unter ständigem Rühren ca. 3 Min. braten. Salat und Tomaten ca. 1 Min. mitbraten. Salzen und pfeffern.

3 Eine beschichtete Pfanne ohne Fett erhitzen. Die Tortillas darin nacheinander auf jeder Seite ca. 1/2 Min. erhitzen, damit sie weich werden. Herausnehmen, jeweils mit etwas Gemüse belegen, zu Tüten aufrollen und mit Holzspießchen feststecken.

»der« Wrap-Klassiker **Tex-Mex-Wraps**

Für 8 Stück:
1 mittelgroße Zwiebel
2 Knoblauchzehen
4 EL Olivenöl
250 g Rinderhackfleisch
Salz | Pfeffer
Chilipulver oder Cayennepfeffer
je 1 rote und grüne Paprikaschote
2 EL weißer Aceto balsamico
1 Dose Maiskörner (285 g Abtropfgewicht)
8 Weizentortillas
   (Fertigprodukt oder Rezept S. 83)

Zubereitungszeit: ca. 30 Min.
Pro Stück: ca. 230 kcal

1 Die Zwiebel und den Knoblauch schälen, fein würfeln und in 2 EL Olivenöl goldgelb braten. Das Hackfleisch mit einer Gabel zerpflücken und dazugeben. Mit Salz, Pfeffer und Chilipulver würzen und ca. 10 Min. leicht anbraten, bis alle Flüssigkeit verdampft ist.

2 Die Paprika waschen, putzen und in dünne Streifen schneiden. Restliches Öl in einer zweiten Pfanne erhitzen, die Paprika darin leicht anbraten. Mit dem Essig ablöschen und kurz durchziehen lassen. Den Mais abtropfen lassen. Paprika und Mais zum Hackfleisch geben, gut durchrühren und warm halten.

3 Die Paprikapfanne mit Küchenpapier auswischen. Tortillas darin nacheinander auf jeder Seite ca. 1/2 Min. erhitzen, damit sie weich werden. Die Tortillas mit der Tex-Mex-Mischung belegen, zu Tüten aufrollen und mit Alufolie oder Pergamentpapier umwickeln.

Clever *genießen!*

*Eine **würzige Kräutersauce** peppt das Ganze auf: 150 g Crème fraîche mit 2 EL gehacktem Koriandergrün glatt rühren. Mit Salz, Chilipulver oder Cayennepfeffer würzen.*

Rollen zum Sattessen *Tacos, Wraps & Co.*

schmeckt nach Little Italy Tunfisch-Bohnen-Wraps

(im Bild hinten)

Für 8 Stück:
2 Tunfischsteaks (ca. 300 g) | 1 EL Zitronensaft
1 Stange Lauch (ca. 150 g geputzt gewogen)
1–2 Knoblauchzehen
4 getrocknete Tomaten in Öl
2 Tetrapacks junge Bohnenkerne
  (je 230 g Abtropfgewicht)
Salz | Pfeffer | 2 EL Olivenöl
2 EL frisch gehacktes Bohnenkraut
  (ersatzweise Thymian)
100 g Frischkäse | weißer Aceto balsamico
8 Weizentortillas
  (Fertigprodukt oder Rezept S. 83)

Zubereitungszeit: ca. 30 Min.
Pro Stück: ca. 285 kcal

1 Den Tunfisch kalt abspülen, trockentupfen, mit Zitronensaft beträufeln und zugedeckt ca. 15 Min. ziehen lassen. Den Lauch putzen, längs halbieren, waschen, abtropfen lassen und in feine Streifen schneiden. Den Knoblauch schälen und fein würfeln. Die Tomaten abtropfen lassen und in dünne Streifen schneiden. Die Bohnenkerne abgießen und abtropfen lassen.

2 Den Tunfisch trockentupfen, in Streifen schneiden, salzen und pfeffern und in dem Öl unter Rühren ca. 3 Min. anbraten. Lauch und Knoblauch dazugeben und alles weitere 5 Min. braten, bis der Lauch Farbe angenommen hat.

3 Die Bohnenkerne, die Tomatenstreifen und das Bohnenkraut einrühren und warm werden lassen. Den Frischkäse unterziehen und mit Salz, Pfeffer und Essig pikant abschmecken.

4 Eine beschichtete Pfanne ohne Fett erhitzen. Die Tortillas darin nacheinander auf jeder Seite ca. 1/2 Min. erhitzen, damit sie weich werden.

5 Tortillas herausnehmen und jeweils 1 Schöpfkelle Tunfisch-Bohnen-Füllung darauf geben. Zu Tüten aufrollen und mit Alufolie oder Pergamentpapier umwickeln.

mit feiner Schärfe Lachswraps

(im Bild vorne)

Für 8 Stück:
150 g Crème fraîche
3 TL geriebener Meerrettich (aus dem Glas)
Salz | Pfeffer | 1–2 TL Zitronensaft
1 gelbe Paprikaschote
8 kleine Frühlingszwiebeln
1 Bund Schnittlauch
8 Weizentortillas
  (Fertigprodukt oder Rezept S. 83)
400 g Räucherlachs (16 Scheiben)

Zubereitungszeit: ca. 20 Min.
Pro Stück: ca. 295 kcal

1 Die Crème fraîche mit dem Meerrettich glatt rühren und mit Salz, Pfeffer und Zitronensaft abschmecken.

2 Die Paprika waschen, putzen und längs in sehr feine Streifen schneiden. Frühlingszwiebeln putzen und waschen. Vom weißen Teil ca. 10 cm abschneiden und ebenfalls längs in sehr feine Streifen schneiden. Den Schnittlauch waschen und trockenschütteln, die Halme quer halbieren.

3 Eine beschichtete Pfanne ohne Fett erhitzen. Die Tortillas darin nacheinander auf jeder Seite ca. 1/2 Min. erhitzen, damit sie weich werden.

4 Die Tortillas mit Crème fraîche bestreichen und mit jeweils 2 Lachsscheiben belegen. Das Gemüse darauf verteilen. Tortillas fest aufrollen und in der Mitte schräg durchschneiden. Gleich servieren oder in Alu- oder Frischhaltefolie gewickelt im Kühlschrank durchziehen lassen.

Rollen zum Sattessen Tacos, Wraps & Co.

Italien schnell eingerollt Pesto-Wraps mit Schinken

Für 8 Stück:
1 Glas Basilikum-Pesto (125 ml, Fertigprodukt)
125 g Frischkäse | Zitronensaft
schwarzer Pfeffer aus der Mühle
150 g braune Champignons
16 große Basilikumblätter | 8 Weizentortillas
  (Fertigprodukt oder Rezept S. 83)
8 Scheiben Beinschinken (ca. 150 g)

Zubereitungszeit: ca. 15 Min.
Pro Stück: ca. 265 kcal

1 Pesto und Frischkäse glatt rühren. Mit Zitronensaft und Pfeffer abschmecken.

2 Die Champignons trocken abreiben, die Stiele abknipsen und die Köpfe in dünne Scheiben schneiden. Die Basilikumblätter waschen, trockentupfen und in feine Streifen schneiden.

3 Eine beschichtete Pfanne ohne Fett erhitzen. Die Tortillas darin nacheinander auf jeder Seite ca. 1/2 Min. erhitzen, damit sie weich werden. Herausnehmen. Mit je 1 gehäuftem EL Basilikumcreme bestreichen, die untere Hälfte mit Champignons und Schinken belegen und mit dem frischen Basilikum bestreuen. Fest aufrollen und entweder frisch servieren oder in Frischhalte- oder Alufolie gewickelt kalt stellen.

Clever *genießen!*

So kann man **Büfett-Fingerfood** bequem vorbereiten: Die fertigen Wraps in Frischhaltefolie wickeln und kalt stellen. Erst kurz vor dem Servieren auswickeln und quer in ca. 3 cm breite Stücke schneiden. Diese auf Holzspießchen stecken.

fruchtig und nussig Curry-Hähnchen-Wraps

Für 8 Stück:
2 Hähnchenschnitzel (etwa 300 g)
Salz
Pfeffer
1 Chilischote
1 Bund Frühlingszwiebeln
250 g Ananas
4 EL ungesalzene Erdnüsse
3 EL Rapsöl
2–3 TL Currypulver
100 ml Gemüsebrühe (Instant)
2 EL Schnittlauchröllchen
8 Weizentortillas
   (Fertigprodukt oder Rezept S. 83)

Zubereitungszeit: ca. 30 Min.
Pro Stück: ca. 200 kcal

1 Das Hähnchenfleisch kalt abspülen, trockentupfen, in feine Streifen schneiden und salzen und pfeffern. Chili waschen, längs aufschneiden, entkernen und fein würfeln. Mit den Hähnchenstreifen mischen und ziehen lassen. Frühlingszwiebeln putzen, waschen, längs halbieren und in ca. 3 cm lange Stücke schneiden. Die Ananas in Spalten schneiden.

2 Die Erdnüsse in einer beschichteten Pfanne ohne Fett rösten und herausnehmen. In derselben Pfanne das Fleisch in dem Öl scharf anbraten. Frühlingszwiebeln dazugeben und unter Rühren goldgelb braten. Das Currypulver untermischen und die Brühe angießen. Dicklich einkochen lassen. Die Ananas und die Erdnüsse einrühren. Mit Salz und Pfeffer würzen, den Schnittlauch untermischen.

3 Eine beschichtete Pfanne ohne Fett erhitzen. Die Tortillas darin nacheinander auf jeder Seite ca. 1/2 Min. erhitzen, damit sie weich werden. Herausnehmen. Jeweils 1 Schöpfkelle Curry-Hähnchen darauf geben und aufrollen.

Rollen zum Sattessen *Pfannkuchen & Co.*

Italo-Klassiker **Crespelle mit Spinat**

Für 4 Personen:
125 g Mehl / 3 Eier / 1/4 l Milch / Salz
60 g Butter / Pfeffer / 500 g frischer Blattspinat
4 EL Rosinen / 4 Scheiben roher Schinken
3 EL Olivenöl / 2 EL Pinienkerne
100 g Parmesan, frisch gerieben

Zubereitungszeit: ca. 1 Std.
Ruhezeit: ca. 30 Min.
Pro Portion: ca. 630 kcal

1 Das Mehl, die Eier und die Milch mit 1 Prise Salz zu einem glatten Teig verrühren. 30 g Butter schmelzen, leicht abkühlen lassen und unterrühren. Den Teig mit Pfeffer würzen. Zugedeckt bei Zimmertemperatur ca. 30 Min. quellen lassen.

2 Inzwischen für die Füllung den Spinat putzen, waschen und tropfnass in einen Topf geben. Zugedeckt ca. 2–3 Min. dünsten und salzen. Spinat in ein Sieb abgießen, die Flüssigkeit dabei auffangen. Den Spinat abtropfen und etwas abkühlen lassen, gut ausdrücken und fein hacken.

3 Die Rosinen ca. 15 Min. in dem Spinatwasser einweichen, dann abtropfen lassen. Den Schinken würfeln.

4 2 EL Olivenöl und 1 EL Butter erhitzen, den Schinken darin anbraten. Spinat, Rosinen und Pinienkerne dazugeben und alles bei schwacher Hitze ca. 5 Min. ziehen lassen. In eine Schüssel geben und die Hälfte des Parmesans untermischen. Mischung zugedeckt warm stellen.

5 Eine große beschichtete Pfanne heiß werden lassen, leicht mit Butter fetten und darin aus dem Teig nacheinander 8 hauchdünne Crêpes backen: Dafür jeweils etwas Teig in die Mitte der Pfanne gießen **(Step 1)** und die Pfanne leicht gekippt drehen **(Step 2)**, damit sich der Teig gleichmäßig verteilt. Sobald die Teigränder fest sind **(Step 3)**, den Crêpe mit einem Pfannenwender vorsichtig wenden. Zwischendurch die Pfanne immer wieder mit etwas Butter fetten. Fertige Crêpes zugedeckt warm stellen.

6 Die Crêpes mit der Füllung belegen und aufrollen. Auf einer vorgewärmten Platte anrichten, mit dem restlichen Parmesan bestreuen, pfeffern und mit dem restlichen Olivenöl beträufeln.

Blitzvariante
Schneller Spinatsnack für 2 Crêpes-Hungrige: **Spinatröllchen.** Für 2 Portionen 1/8 l Milch und 1 Ei mit 1 Prise Salz, 5 EL Mehl und 4 EL geriebenem Parmesan zu einem Teig verrühren und 15 Min. quellen lassen. Inzwischen 125 g TK-Spinat bei schwacher Hitze in einem Topf auftauen. 2 EL Butterschmalz in zwei Pfannen erhitzen und aus dem Teig zwei dünne Crêpes backen. Jeweils 1 EL Schmand darauf streichen und den Spinat darauf verteilen. Die Crêpes aufrollen und nach Belieben noch quer in Stücke schneiden.

Clever *zubereiten!*

*Das **Geheimnis guter Crêpes:** Sie sind schön geschmeidig und hauchdünn.*
*Für die **Geschmeidigkeit** lassen Sie den Teig mindestens 10 Min. ruhen, damit der Kleber im Teig richtig ausquellen kann. Ist er danach angedickt, rühren Sie ihn einfach mit etwas Milch wieder glatt.*
*Damit Ihre Crêpes **schön dünn** werden, geben Sie nicht zu viel Teig in die Pfanne. Diesen am besten in die Mitte der Pfanne gießen und die Pfanne dann leicht gekippt drehen – auf diese Weise verteilt sich der Teig gleichmäßig.*
*Übrigens: Wenn Sie wie bei den Crespelle mit Spinat geschmolzene Butter unter den Teig rühren, bekommen die Crêpes später eine besonders **schöne Farbe.***

Rollen zum Sattessen *Pfannkuchen & Co.*

immer heiß geliebt Hack-Palatschinken

(im Bild hinten)

Für 4 Personen:
*250 g Mehl (+ 2 EL) | 200 ml Milch
200 ml kohlensäurehaltiges Mineralwasser
Salz | 2 Eier | 2 Zwiebeln
2 EL Butterschmalz
400 g Schweinehackfleisch
2 EL edelsüßes Paprikapulver
1 getrocknete Chilischote
150 ml Fleischbrühe (Instant)
2 EL Tomatenmark
2 EL frisch gehackte Petersilie
Salz | Pfeffer | 250 g Schmand*
Außerdem:
Fett für die Pfanne und die Form

Zubereitungszeit: ca. 1 Std.
Pro Portion: ca. 590 kcal

1 250 g Mehl nach und nach mit Milch, Wasser und 1 Prise Salz verrühren. Zuletzt die Eier unterschlagen. Den Teig zugedeckt bei Zimmertemperatur 30 Min. quellen lassen.

2 Zwiebeln schälen, fein würfeln und in dem Schmalz bei mittlerer Hitze glasig braten. Das Hackfleisch unter Rühren krümelig mitbraten. Paprika und die zerbröselte Chili unterrühren, die Brühe angießen. Alles zugedeckt bei schwacher Hitze ca. 15 Min. schmoren. Tomatenmark und Petersilie unterrühren, salzen und pfeffern und beiseite stellen.

3 Den Backofen auf 250° (Umluft 220°) vorheizen. Schmand mit 2 EL Mehl und 1 Prise Salz verrühren, etwas quellen lassen.

4 Eine beschichtete Pfanne erhitzen, mit wenig Öl fetten und darin aus dem Teig nacheinander 12 dünne Pfannkuchen backen. Zwischendurch die Pfanne immer wieder mit etwas Öl fetten.

5 Eine feuerfeste Form fetten. Die Pfannkuchen mit Hackfüllung bestreichen, aufrollen und nebeneinander in die Form legen. Mit dem Schmand übergießen und im heißen Backofen (oben) 5–7 Min. überbacken.

frühlingsfrisch Crêpes-Spargel-Rollen

(im Bild vorne)

Für 4 Personen:
*100 g Mehl | Salz | 300 ml Milch | 3 Eier
1 EL zerlassene Butter | 2 EL Estragonblättchen
2 TL mittelscharfer Senf | 200 g saure Sahne
Pfeffer | 600 g grüner Spargel | 1 Prise Zucker
200 g küchenfertige Cocktailgarnelen*
Außerdem:
Butter für die Pfanne

Zubereitungszeit: ca. 1 Std. 10 Min.
Pro Portion: ca. 345 kcal

1 Für den Teig das Mehl, 1/4 TL Salz und die Hälfte der Milch glatt rühren. Dann die Eier und zum Schluss die übrige Milch und 1 EL zerlassene Butter unterrühren. Zugedeckt 30 Min. quellen lassen. Inzwischen den Estragon fein hacken und mit dem Senf unter die saure Sahne rühren. Salzen und pfeffern.

2 Den Spargel waschen, die Enden abschneiden. Stangen nur im unteren Drittel schälen. Reichlich Wasser aufkochen, Salz und Zucker zugeben. Den Spargel darin 8–12 Min. garen. Herausheben und abtropfen lassen.

3 Während der Spargel gart, eine beschichtete Pfanne erhitzen, mit wenig Butter fetten und darin aus dem Teig nacheinander 8 dünne Crêpes backen (S. 96/97). Pfanne zwischendurch etwas nachfetten. Fertige Crêpes zugedeckt warm stellen. Crêpes mit Estragonsahne bestreichen. Spargel und Garnelen darauf verteilen und aufrollen.

Süße Rollen

Was auch die Kehle hinunterrollt

Was fällt Ihnen bei »Süße Rollen« als erstes ein? Natürlich der Apfelstrudel – luftig, fruchtig, mit viel Puderzucker obenauf und gerne von (auf wienerisch:) Schlagobers oder Vanillesauce begleitet. Zur echten Wiener Jause genießt man ihn lauwarm. Klar, was man dazu trinkt: An die 30 verschiedene Kaffeespezialitäten bieten die traditionellen Kaffeehäuser an. Hier eine Auswahl:

Kaffeegenuss auf Wiener Art

Kaffeehaus-Klassiker ist die **Schale Gold**: Ein großer Mokka (Espresso) wird mit einem Schälchen Schlagsahne zum goldgelb Färben serviert. Die **Melange** besteht zur einen Hälfte aus gebrühtem Kaffee, zur anderen aus heißer, geschäumter Milch. Ein **Einspänner** ist ein im Glas servierter Mokka mit Schlagsahne obenauf. Der **Fiaker** wärmt mit einem Gläschen Rum im Mokka. Der **Kapuziner** ist ein schwarzer Kaffee mit nur einem Schuss Milch, der ihn dunkelbraun macht – wie die Kutte der Kapuzinermönche. Eine helle Melange mit Schlagsahne und Schokostreuseln ist hingegen der **Franziskaner**. Nach **Maria Theresia** ist ein großer Mokka benannt, der mit einem Schuss Orangenlikör, halbgeschlagener Sahne und Schokostreuseln im Glas serviert wird.

Kaffeegenuss auf neue Art

Gute Laune bei der Kaffeetafel versprechen auch die folgenden Rezepte:
Für 4 Portionen **Eierlikör-Kaffee** 2 EL Zucker und 4 cl Rum vorsichtig erhitzen, bis sich der Zucker gelöst hat. Mit 1/2 l sehr heißem gebrühtem Kaffee aufgießen, 8 cl Eierlikör unterrühren. In Kaffeebecher füllen und 100 g halbsteif geschlagene Sahne obenauf geben.
Für 4 Portionen **Kaffeepunsch** 1/2 l Portwein, 2 cl Rum und 100 g braunen Kandiszucker mit 4 Zitronenschalenstreifen (unbehandelt) erhitzen, bis der Zucker gelöst ist. Mit 3/4 l starkem gebrühtem Kaffee aufgießen. Heiß aus der Kanne servieren.
Für 4 Portionen **Russischer Kaffee** 2 TL Zucker und 4 cl Wodka in eine vorgewärmte, feuerfeste Schüssel geben. Mit einem langen Streichholz anzünden und mit 4 Tassen starkem heißem Kaffee (am besten Espresso) ablöschen. In 4 Tassen verteilen, Kaffeesahne oder Sahne darauf gießen.
Für 4 Portionen **Schwarzwälder Kaffee** 2 EL Zucker, 1/2 l heißen gebrühten Kaffee, 4 cl Kirschwasser und 1 EL Kakaopulver in einem vorgewärmten Krug oder in einer Kaffeekanne gut verrühren, auf 4 Tassen verteilen und 100 g halbsteif geschlagene Sahne obenauf geben.

Kaffee? Tee!

Egal, ob Sie schwarze Teesorten wie Darjeeling, Assam oder Orange Pekoe bevorzugen oder lieber Grünen Tee, Oolong oder Früchtetee trinken – Orangen- und Zitronenscheiben, ein paar Zweige frische Minze, Honig, Kandiszucker (gibt's als Stäbchen zum Umrühren) und ein Kännchen mit Milch oder Sahne passen immer gut dazu. Klar, können Sie Ihrem Tee auch ein bisschen einheizen: z. B. mit Rum, Weinbrand oder Whisky.

Heiße Schokolade

... schmeckt Naschkatzen. Für 1 Portion 25 g Schokolade (zart- oder edelbitter) fein hacken. 200 ml Milch mit 1 TL Kakaopulver aufkochen lassen, die Schokolade dazugeben und 10 Min. bei milder Hitze leise kochen lassen. Gelegentlich umrühren. Für zusätzliches Aroma 1 Stück Vanilleschote oder Zimtrinde mitkochen. Guter Tipp: Wenn Sie die Schokolade einige Stunden vor dem Servieren zubereiten und dann wieder aufwärmen, wird sie cremiger und aromatischer. Passendes Obenauf ist natürlich Schlagsahne, für ein kräftiges Innenleben sorgen Weinbrand, Orangenlikör oder Amaretto.

Süße Rollen Desserts

Asia-Knusperei **Bananen in Reispapier**

(im Bild vorne)

Für 4 Personen:
4 EL Zucker
200 ml Milch
6 Reispapierblätter von ca. 16 cm Ø (Asienladen)
4 Zweige frische Minze
3 Bananen
2 Kiwis | 2 EL Öl
1–2 EL Zitronensaft

Zubereitungszeit: ca. 20 Min.
Pro Portion: ca. 210 kcal

1 Für die Karamellsauce den Zucker mit 2 EL Wasser in einem Topf verrühren. Die Mischung erhitzen und, wenn sich der Zucker vollständig aufgelöst hat, rühren, bis der Zucker leicht gebräunt ist. Vom Herd nehmen. Die Milch einrühren. Alles wieder erhitzen und unter gelegentlichem Rühren zu einer sämigen Sauce leise einkochen lassen.

2 Die Reispapierblätter jeweils halbieren und einzeln ca. 1 Min. in lauwarmes Wasser legen, bis sie weich sind. Die Minze waschen und trockenschütteln, die Blätter abzupfen. Die Reispapierblätter vorsichtig auf einem Küchentuch ausbreiten und trockentupfen.

3 Die Bananen schälen und jeweils längs und quer halbieren. Je ein Bananenviertel auf das breite Ende einer Reispapierhälfte setzen, 2 Minzeblätter darauf legen. Die Enden einschlagen und die Banane in das Reispapier einwickeln.

4 Die Kiwis schälen und in Scheiben schneiden. Das Öl in einer großen beschichteten Pfanne erhitzen und die Bananenpäckchen darin in 2–3 Min. rundum goldbraun backen. Auf Küchenpapier entfetten.

5 Die Karamellsauce mit etwas Zitronensaft abschmecken. Die Sauce, die Bananenpäckchen und die Kiwischeiben auf vier Tellern anrichten und mit den übrigen Minzeblättern bestreuen.

Import aus Indonesien **Eierkuchen mit Kokosfüllung**

(im Bild hinten)

Für 4 Personen:
100 g Palmzucker (ersatzweise brauner Zucker)
200 g Kokosraspel (am besten frisch geraspelt)
400 ml ungesüßte Kokosmilch (aus der Dose)
10 Tropfen grüne Lebensmittelfarbe
4 Eier | 300 g Mehl | Salz
Außerdem:
neutrales Pflanzenöl zum Ausbacken

Zubereitungszeit: ca. 1 Std.
Pro Portion: ca. 880 kcal

1 Den Zucker mit 100 ml Wasser unter ständigem Rühren erhitzen, bis er sich vollständig aufgelöst hat. Die Kokosraspel dazugeben. Alles bei schwacher Hitze unter ständigem Rühren leise einkochen lassen. Vom Herd nehmen und abkühlen lassen.

2 Die Kokosmilch mit der Lebensmittelfarbe verrühren. Die Eier schaumig schlagen und dazugeben. Nach und nach das Mehl und 1 Prise Salz unterrühren.

3 Eine beschichtete Pfanne erhitzen, mit wenig Öl fetten und darin aus dem Teig nacheinander 12 Eierkuchen backen (S. 96/97). Zwischendurch die Pfanne immer wieder mit etwas Öl fetten. Fertige Eierkuchen zugedeckt warm stellen.

4 Jeweils 1 EL von der Kokosmasse auf dem unteren Rand eines Eierkuchens verteilen, die Außenseiten zur Mitte hin einschlagen und den Eierkuchen von unten her aufrollen.

Süße Rollen Wiener Mehlspeisen

Kaffeehausfeeling zu Hause **Topfenpalatschinken**

Für 4 Personen:
Für den Teig:
100 g Mehl | 1/4 l Milch | 2 Eier
1 Prise Salz | 40 g Zucker | 4 EL Butter
Für die Füllung:
50 g Rosinen | 1 EL Rum
30 g weiche Butter
abgeriebene Schale von
 1/2 unbehandelten Zitrone
2 Eier | 250 g Topfen (Quark, 20 % Fett)
80 g Zucker
Für den Guss:
1 Ei | 1/8 l Milch
1 EL Zucker
1/2 Päckchen Vanillezucker
Außerdem:
Butter für die Pfanne und die Form
Puderzucker zum Bestäuben

Zubereitungszeit: ca. 1 Std. 5 Min.
Backzeit: ca. 25 Min.
Pro Portion: ca. 630 kcal

1 Für den Teig das Mehl mit 3 EL Milch, den Eiern, dem Salz und dem Zucker verrühren. So viel Milch unterrühren, dass ein dünnflüssiger Teig entsteht.

2 Eine beschichtete Pfanne erhitzen, mit wenig Butter fetten und darin aus dem Teig nacheinander 8–9 Palatschinken (Pfannkuchen) backen (S. 96/97). Zwischendurch die Pfanne immer wieder mit etwas Butter fetten. Wenn der Teig eindickt, wieder etwas Milch darunter rühren.

3 Für die Füllung die Rosinen heiß waschen, trockentupfen und mit dem Rum beträufeln.

4 Die Butter mit der abgeriebenen Zitronenschale schaumig rühren. Die Eier trennen und die Eigelbe unter die Buttermasse rühren. Den Topfen (Quark) und die Rumrosinen darunter ziehen. Die Eiweiße mit dem Zucker steif schlagen und unterheben.

5 Den Backofen auf 200° (Umluft 180°) vorheizen. Eine feuerfeste Form mit Butter einfetten.

6 Die Füllung etwa bleistiftdick auf die Palatschinken streichen. Die Palatschinken zusammenrollen und quer halbieren. Die Palatschinkenstücke mit den Schnittseiten nach oben, mehr aufrecht stehend als liegend, in die Auflaufform schichten.

7 Für den Guss das Ei mit der Milch, dem Zucker und dem Vanillezucker verquirlen und über die Palatschinken gießen.

8 Die Palatschinken im heißen Backofen (oben) in ca. 25 Min. goldgelb überbacken. Die Topfenpalatschinken mit Puderzucker bestäuben und heiß servieren.

Clever genießen!

*Wenn Sie den Topfenpalatschinken noch das kulinarische »i-Tüpferl« verpassen möchten, servieren Sie sie mit einer cremigen **Vanillesauce**. Die können Sie entweder mit einem Saucenpulver (Fertigprodukt) anrühren oder einmal selber machen: Für 4 Portionen 2 Eigelbe mit 4 EL Zucker mit den Quirlen des elektrischen Handrührgeräts cremig schlagen. 1 Vanilleschote längs aufschlitzen und das Mark herauskratzen. Das Vanillemark mit 2 TL Speisestärke und 1/2 l Milch in einem Topf verrühren. Die Eiercreme einrühren und alles bei schwacher Hitze erwärmen. Dabei ständig rühren, bis die Sauce eine cremige Konsistenz hat. Vorsicht: Die Sauce darf nicht kochen, sonst gerinnt sie. Warm oder kalt zu den Topfenpalatschinken servieren.*

Süße Rollen Wiener Mehlspeisen

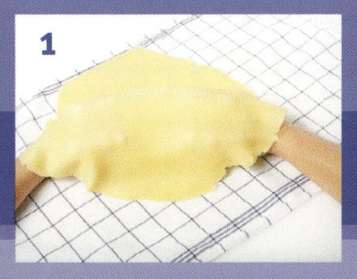

1

2

3

zum Kaffee oder als Dessert **Apfelstrudel**

Für 1 Strudel:
Für den Teig:
200 g Mehl | 1 Ei | 2 1/2 EL Öl | 1 Prise Salz
Für die Füllung:
60 g Rosinen | 2 EL Rum | 140 g Butter
80 g Semmelbrösel
1 1/2 kg säuerliche Äpfel
  (z. B. Boskop oder Gravensteiner)
ca. 100 g Zucker | 1 TL Zimtpulver
Außerdem:
Mehl für die Arbeitsfläche
Puderzucker zum Bestäuben

Zubereitungszeit: ca. 1 Std. 35 Min.
Backzeit: ca. 40 Min.
Bei 12 Stücken pro Stück: ca. 300 kcal

1 Das Mehl hügelartig auf die Arbeitsfläche sieben und in die Mitte eine Mulde drücken. Das Ei hineinschlagen, 2 EL Öl und das Salz dazugeben. Alles von außen nach innen zu einem glatten Teig verkneten, dabei nach und nach ca. 5 EL lauwarmes Wasser dazugießen, so dass der Teig eine mittelfeste Konsistenz erhält.

2 Teig mit dem Handballen ca. 15 Min. durchkneten, bis er seidig glänzt. Zu einer Kugel formen, mit restlichem Öl bestreichen, unter einer umgestülpten Schüssel ca. 30 Min. ruhen lassen.

3 Inzwischen für die Füllung die Rosinen waschen, trockentupfen, mit dem Rum beträufeln und zugedeckt beiseite stellen. 40 g Butter in einer Pfanne erhitzen und die Semmelbrösel darin unter Rühren goldgelb braten. Vom Herd nehmen und abkühlen lassen.

4 Die Äpfel schälen und halbieren. Die Kerngehäuse herausschneiden, die Apfelhälften vierteln und in ganz dünne Scheibchen schneiden. Den Zucker mit dem Zimt vermischen. (Wenn die Äpfel sehr sauer sind, etwas mehr Zucker verwenden.)

5 Den Teig noch einmal durchkneten, auf ganz wenig Mehl rechteckig ausrollen, dann ausziehen: Dafür den Strudelteig auf ein dünn mit Mehl bestäubtes Küchentuch legen und vorsichtig in alle Richtungen ziehen. Mit den leicht bemehlten Handrücken unter den Teig fahren und diesen vorsichtig dehnen **(Step 1)**. Dabei aufpassen, dass der Teig nicht reißt. Wenn der Teig so dünn ausgezogen ist, dass man das Muster des Küchentuches darunter erkennen kann, ist er richtig. Noch vorhandene dickere Teigränder abschneiden.

6 Die restliche Butter zerlassen. Ein Backblech mit einem Teil davon dünn bestreichen und den Rest beiseite stellen. Den Backofen auf 200° (Umluft 180°) vorheizen.

7 Die Butterbrösel auf etwa zwei Drittel des Teiges streuen, dabei an den beiden Seiten einen ca. 3 cm breiten Rand frei lassen. Das freie Teigdrittel mit einem weiteren Teil der zerlassenen Butter bestreichen **(Step 2)**. Die Apfelscheiben auf den Bröseln verteilen. Dann den Zimtzucker und die Rosinen gleichmäßig darüber streuen.

8 Die Seitenränder der Teigplatte einschlagen, damit die Füllung nicht auslaufen kann. Das Küchentuch anheben und den Strudel zum freien Drittel hin einrollen **(Step 3)**. Mit der Nahtstelle nach unten, eventuell in U-Form, auf das Backblech gleiten lassen.

9 Den Strudel mit einem weiteren Teil der Butter bestreichen und im heißen Backofen (Mitte) in ca. 40 Min. goldbraun backen. Während der Backzeit ca. alle 10 Min. mit der restlichen Butter bestreichen. Den fertigen Strudel in ca. 5 cm breite Stücke schneiden und mit Puderzucker bestäuben. Warm servieren. Dazu schmeckt Vanillesauce (s. Tipp S. 105).

Süße Rollen Wiener Mehlspeisen

saftig mit Schwips Nussbeugel

Für 10 Stück:
Für den Teig:
250 g Mehl | 20 g Zucker
1 Päckchen Vanillezucker
abgeriebene Schale von
   1/2 unbehandelten Zitrone
1 Prise Salz | 1 Eigelb
100 g weiche Butter
1/2 Würfel Hefe (ca. 20 g)
1/8 l lauwarme Milch
Für die Füllung:
1/8 l Milch | 25 g Butter | 70 g Zucker
250 gemahlene Haselnüsse
50 g Semmelbrösel | 1 EL Rum
Außerdem:
1 Ei zum Bestreichen
Mehl für die Arbeitsfläche
Backpapier für das Blech

Zubereitungszeit: ca. 55 Min.
Ruhezeit: ca. 30 Min.
Backzeit: ca. 35 Min.
Pro Stück: ca. 430 kcal

1 Das Mehl in eine Schüssel sieben. Den Zucker, den Vanillezucker, die Zitronenschale, das Salz und das Eigelb unterrühren. Die Butter in Stücke schneiden und dazugeben. Die Hefe in einem Teil der lauwarmen Milch auflösen und dazugießen. Dann die restliche Milch dazugeben und alles zu einem festen Teig verkneten. Den Teig zu einer Kugel formen und zugedeckt ca. 30 Min. im Kühlschrank ruhen lassen.

2 Inzwischen für die Füllung die Milch mit der Butter und dem Zucker aufkochen lassen. Die Haselnüsse, die Semmelbrösel und den Rum unterrühren und die Masse ca. 10 Min. abkühlen lassen.

3 Den Teig auf wenig Mehl zu einer Rolle formen und diese in 10 Stücke schneiden.

4 Die Teigstücke zu ovalen Scheiben ausrollen und die Nussfüllung darauf verteilen, einen Rand frei lassen. Von der Längsseite her aufrollen und schmale Beugel (Hörnchen) formen.

5 Das Ei verquirlen. Die Beugel mit der Hälfte davon bestreichen und trocknen lassen, dann mit dem restlichen Ei bestreichen und wieder trocknen lassen.

6 Inzwischen den Backofen auf 190° (Umluft 170°) vorheizen. Ein Backblech mit Backpapier auslegen und die Nussbeugel darauf setzen. Im heißen Backofen (Mitte) in ca. 35 Min. goldbraun backen. Auf einem Kuchengitter auskühlen lassen.

Blitzvariante

Zugegeben, für die Nussbeugel müssen Sie etwas Zeit mitbringen. Wenn Sie die nicht haben, müssen Sie auf **Nusshörnchen** aber keineswegs verzichten – TK-Blätterteig macht's möglich! Für 18 Hörnchen 6 Scheiben TK-Blätterteig nebeneinander legen, mit einem sauberen Küchentuch bedecken und bei Zimmertemperatur in ca. 15 Min. auftauen lassen. Inzwischen für die Füllung 150 g gemahlene Haselnüsse mit 5 EL Sahne, 4 EL Honig, 1 TL Zimtpulver, 1 EL Zitronensaft und der abgeriebenen Schale von 1/2 unbehandelten Zitrone verrühren. Den Backofen auf 200° (Umluft 180°) vorheizen. Ein Backblech kalt abspülen und nicht abtrocknen. Die Blätterteigplatten einzeln auf wenig Mehl zur doppelten Größe ausrollen und jeweils in drei Dreiecke schneiden. Etwas Füllung in die Mitte der Dreiecke geben. Diese dann von der Längsseite her aufrollen und zu Hörnchen biegen. Die Hörnchen auf das Blech setzen und mit etwas zerlassener Butter bestreichen. Die Hörnchen im heißen Backofen (Mitte) in ca. 20 Min. goldbraun backen. Auskühlen lassen und mit Puderzucker besieben.

Süße Rollen Kekse, Teilchen & Co.

Frühlingsnascherei **Erdbeertütchen**

Für 4–6 Stück:
2 Eier
Zucker und Mehl nach dem Eigewicht
1/2 TL Backpulver
500 g kleine Erdbeeren
200 g Sahne | 1 TL Zucker
Außerdem:
Puderzucker zum Bestäuben
Backpapier für das Blech

Zubereitungszeit: ca. 35 Min.
Backzeit: ca. 12 Min.
Bei 6 Stück pro Stück: ca. 300 kcal

1 Den Backofen auf 200° (Umluft 180°) vorheizen. Die Eier wiegen und danach die gleiche Menge Zucker und Mehl abwiegen. Eier und Zucker schaumig rühren, das Mehl und das Backpulver dazusieben und alles zu einem glatten Teig verrühren. Ist der Teig zu dick, evtl. mit 1 EL Wasser strecken.

2 Ein Backblech mit Backpapier auslegen. Den Teig in ca. walnussgroßen Häufchen in großen Abständen auf das Backblech setzen und zu Kreisen von ca. 12 cm Ø verstreichen. Im heißen Backofen (Mitte) 10–12 Min. backen. Wenn die Ränder braun werden, vom Blech lösen und noch warm zu Tütchen formen. Die Ränder gut festdrücken.

3 Die Erdbeeren waschen und putzen, größere Exemplare evtl. halbieren. Die Sahne mit dem Zucker steif schlagen. Beeren und Sahne in die Tütchen füllen, mit Puderzucker bestäuben und sofort servieren.

Oscar-verdächtig **Hollywoodhippen**

Für ca. 10 Stück:
70 g Zucker
1 Eiweiß | 50 g Butter
ca. 375 g Sahne
50 g Mehl
3 Orangen
1 Päckchen Sahnesteif
2 EL Joghurt
25 g gehackte Pistazienkerne
Außerdem:
Fett für das Blech

Zubereitungszeit: ca. 45 Min.
Backzeit: ca. 14 Min.
Pro Stück: ca. 230 kcal

1 50 g Zucker mit 40 ml Wasser kurz aufkochen und abkühlen lassen. Den Backofen auf 220° (Umluft 200°) vorheizen. Das Blech fetten. Das Eiweiß steif schlagen.

2 Die Butter schaumig rühren. Das lauwarme Zuckerwasser und 1 EL Sahne langsam unter Rühren einfließen lassen. Das Mehl und den Eischnee unterheben.

3 Den Teig in walnussgroßen Häufchen in großen Abständen auf das Blech setzen und zu Kreisen von ca. 10 cm Ø verstreichen. Im heißen Backofen (Mitte) ca. 14 Min. backen. Wenn die Ränder braun werden, vom Blech lösen und noch heiß um einen dicken Holzstab rollen. Auskühlen lassen.

4 Die Orangen so dick schälen, dass auch die weiße Innenhaut entfernt wird. Die Filets zwischen den Trennhäuten heraus- und klein schneiden. Die Sahne mit 2 EL Zucker und dem Sahnesteif steif schlagen, den Joghurt einfließen lassen. Die Hippen mit Sahne und Orangen füllen. Mit den Pistazien bestreuen.

Süße Rollen Kekse, Teilchen & Co.

immer heiß geliebt Rosinenschnecken

(im Bild hinten)

Für 20 Stück:
250 g Magerquark
300 g kalte Butter | 1 Prise Salz
1 TL Vanillezucker | 250 g Mehl
1 TL Backpulver | 125 g Rosinen
50 g gemahlene Haselnüsse
50 g Zucker
1 TL Zimtpulver | 150 g Puderzucker
1–2 EL Zitronensaft
Außerdem:
Mehl für die Arbeitsfläche
Fett für das Backblech

Zubereitungszeit: ca. 40 Min.
Ruhezeit: ca. 1 Std.
Backzeit: ca. 30 Min.
Pro Stück: ca. 240 kcal

1 Den Quark in einem feinen Sieb abtropfen lassen und in eine Schüssel geben. 250 g Butter in Flöckchen mit dem Salz, dem Vanillezucker, dem Mehl und dem Backpulver untermischen. Die Zutaten zuerst mit den Knethaken des elektrischen Handrührgeräts verarbeiten, dann mit bemehlten Händen zu einem glatten Teig kneten. In Folie gewickelt 1 Std. kalt stellen.

2 Den Teig auf wenig Mehl zu einer Platte von 40 x 60 cm ausrollen. Die restliche Butter schmelzen, etwas abkühlen lassen. Den Teig damit bepinseln. Die Rosinen heiß waschen, trockentupfen, mit den Nüssen, dem Zucker und Zimt mischen und auf dem Teig verteilen.

3 Den Backofen auf 200° (Umluft 180°) vorheizen. Ein Backblech fetten. Die Teigplatte von der schmalen Seite her aufrollen und mit einem in Wasser getauchten Messer in 20 Scheiben schneiden. Auf das Blech setzen und im heißen Ofen (Mitte) 25–30 Min. backen.

4 Puderzucker und Zitronensaft zu einem zähflüssigen Guss verrühren. Die noch warmen Schnecken damit bepinseln und auf einem Kuchengitter auskühlen lassen.

frisch am besten Schweinsöhrchen

(im Bild vorne)

Für ca. 40 Stück:
100 g Magerquark
100 g Mehl | 1 Päckchen Vanillezucker
75 g Zucker | 1 Prise Salz | 150 g kalte Butter
Außerdem:
Zucker zum Ausrollen
Backpapier für das Blech

Zubereitungszeit: ca. 45 Min.
Ruhezeit: ca. 1 Std.
Backzeit: ca. 15 Min.
Pro Stück: ca. 50 kcal

1 Den Quark in einem feinen Sieb abtropfen lassen. Das Mehl mit dem Vanillezucker, dem Zucker und dem Salz auf die Arbeitsfläche häufen. In die Mitte den abgetropften Quark und 100 g Butter in kleinen Stücken geben. Alles mit einem großen Messer durchhacken, dann mit den Händen schnell zu einem festen Teig verkneten. In Folie gewickelt ca. 1 Std. kalt stellen.

2 Den Backofen auf 200° (Umluft 180°) vorheizen. Ein Backblech mit Backpapier auslegen. Den Teig halbieren und jede Hälfte auf wenig Zucker ca. 3 mm dick zu einer ca. 20 x 20 cm großen Platte ausrollen.

3 Jede Teigplatte mit Zucker bestreuen, die restliche Butter in Flöckchen darauf verteilen. Teigplatten von beiden Seiten zur Mitte hin einrollen. Leicht festdrücken. Die Rollen in 1/2 cm dicke Scheiben schneiden und auf das Blech legen. Im heißen Ofen (Mitte) in ca. 15 Min. backen.

Süße Rollen *Kekse, Teilchen & Co.*

weihnachtlich **Zimtspiralen**

Für 20 Stück:
**200 g weiche Butter
100 g Puderzucker
3 Eier
300 g Mehl
2 TL Zimtpulver
50 g Zucker
1 Päckchen Vanillezucker**
Außerdem:
**Mehl für die Arbeitsfläche
Backpapier für das Blech**

Zubereitungszeit: ca. 20 Min.
Ruhezeit: ca. 20 Min.
Backzeit: ca. 15 Min.
Pro Stück: ca. 170 kcal

1 Die Butter mit dem Puderzucker schaumig rühren. 2 Eier trennen. Die Eiweiße beiseite stellen. Die Eigelbe und 1 ganzes Ei nach und nach in die Buttermasse rühren. Das Mehl dazugeben und alles schnell zu einem glatten Teig verarbeiten.

2 Den Zimt mit dem Zucker und dem Vanillezucker mischen.

3 Den Teig halbieren und jede Hälfte auf wenig Mehl zu einem Rechteck von ca. 25 x 35 cm ausrollen. Mit Eiweiß bestreichen. Den Zimtzucker darüber streuen und die Teigplatte von der breiten Seite her vorsichtig aufrollen. Die beiden Teigrollen zugedeckt 20 Min. kalt stellen.

4 Den Backofen auf 175° (Umluft 160°) vorheizen. Ein Backblech mit Backpapier auslegen. Die Teigrollen in jeweils 10 Scheiben schneiden und diese auf das Blech setzen. Im heißen Backofen (Mitte) 12–15 Min. backen. Herausnehmen und abkühlen lassen.

Kugel-Variante

Sie sind Zimtfan, aber im Backen und Teigrollen noch nicht so geübt? Kein Problem, dann machen Sie einfach feine **Zimtkugeln:** Für ca. 60 Stück 125 g weiche Butter mit den Quirlen des elektrischen Handrührgeräts schaumig rühren. 50 g Puderzucker mit 1 Päckchen Vanillezucker, 1 TL Zimtpulver, 75 g Mehl und 125 g Speisestärke mischen und unter die Butter rühren. Den Backofen auf 200° (Umluft 180°) vorheizen. Ein Backblech mit Backpapier belegen. Den Teig auf wenig Mehl zu Rollen von ca. 3 cm Ø formen. Von den Rollen ca. 2 cm dicke Scheiben abschneiden und diese zwischen den Handflächen zu Kugeln rollen. Die Kugeln auf das Blech setzen und im heißen Backofen (Mitte) in 13–15 Min. backen. Die Zimtkugeln auf einem Kuchengitter auskühlen lassen. 50 g Puderzucker mit 1/4 TL Zimtpulver mischen und die Zimtkugeln damit bestäuben.

Getränk

Ob Spiralen oder Kugeln – zu den aromatischen Plätzchen passt ein Glas heißer **Glühwein.** Für 1 Glas 1 Stück Würfelzucker in einen Topf geben und mit 1/4 l trockenem Rotwein übergießen. Die dünn abgeschälte Schale von 1/2 unbehandelten Zitrone und 1/2 Stange Zimt dazugeben. Alles langsam erhitzen, bis sich Schaum bildet. Vorsicht, nicht kochen lassen! Bevor der Wein zu kochen beginnt, den Topf vom Herd nehmen und den Schaum mit einem Löffel abschöpfen. 3–4 Tropfen Orangenlikör in den Wein rühren und die Mischung 2–3 Min. ziehen lassen. Den Glühwein durch ein Sieb in ein großes, hitzefestes Glas gießen und sofort servieren.

Süße Rollen Kekse, Teilchen & Co.

blitzschnell **Schokocroissants**

Für 6 Stück:
**1 Packung Croissant-Teig
(für 6 Stück, 250 g; aus dem Kühlregal)
6 EL Nuss-Nougat-Creme**
Außerdem:
**Backpapier für das Blech
Schokoraspel zum Bestreuen**

Zubereitungszeit: ca. 10 Min.
Backzeit: ca. 12 Min.
Pro Stück: ca. 215 kcal

1 Den Backofen auf 200° (Umluft 180°) vorheizen. Das Backblech mit Backpapier belegen.

2 Den Croissant-Teig auseinander rollen und auf das Blech legen. Jeweils 1 EL Nuss-Nougat-Creme auf 1 Teigstück streichen, von der breiten Seite her aufrollen und zu Croissants formen.

3 Die Croissants im heißen Backofen (Mitte) ca. 12 Min. backen. 5 Min. vor Ende der Backzeit mit Schokoraspeln bestreuen und fertig backen.

Tauschbörse
Wenn nicht nussig-cremig, sondern fruchtig-saftig gefragt ist, bestreichen Sie die Teigstücke nicht mit Nuss-Nougat-Creme, sondern mit **Aprikosen-** oder einer anderen **Fruchtkonfitüre.** Auch **Apfel-** oder **Pflaumenmus** eignen sich, dem Sie mit etwas Zimtpulver und gemahlener Nelke zusätzlich Aroma geben können.

ganz einfach Schokostäbchen

Für ca. 100 Stück:
200 g Mehl
75 g Zucker
1 kleines Ei
100 g Butter
100 g Zartbitter-Kuvertüre
Außerdem:
Backpapier für das Blech

Zubereitungszeit: ca. 50 Min.
Ruhezeit: ca. 1 Std.
Backzeit pro Blech: ca. 10 Min.
Pro Stück: ca. 20 kcal

1 Das Mehl mit dem Zucker hügelartig auf die Arbeitsfläche geben und in die Mitte eine Mulde drücken. Das Ei hineingeben. Die Butter in Flöckchen über das Mehl schneiden und alles zu einem geschmeidigen Teig verkneten.

2 Den Teig zu einer Kugel formen, in Folie wickeln und 1 Std. kalt stellen.

3 Den Backofen auf 200° (Umluft 180°) vorheizen. Das Backblech mit Backpapier auslegen.

4 Den Teig portionsweise in kleineren Stücken zu bleistiftdicken Röllchen formen und diese auf ca. 5 cm Länge kürzen. Die Stäbchen auf das Blech legen und im heißen Backofen (Mitte) in ca. 10 Min. hellgelb backen. Auf einem Kuchengitter auskühlen lassen.

5 Die Kuvertüre im heißen Wasserbad schmelzen. Die Stäbchen jeweils mit den Enden in die Kuvertüre tauchen, kurz abtropfen lassen und zum Trocknen auf Pergamentpapier legen.

Süße Rollen *Kuchen*

118

1

2

3

fluffig und fruchtig **Biskuitroulade mit Himbeersahne**

Für 1 Roulade:
Für den Biskuit:
4 Eier | 1 Prise Salz | 110 g Zucker
1 EL Vanillezucker
je 75 g Mehl und Speisestärke | 3 EL Zucker
Für die Füllung:
200 g Sahne | 200 g Himbeeren
Außerdem:
Backpapier für das Blech
Puderzucker zum Besieben

Zubereitungszeit: ca. 30 Min.
Backzeit: ca. 10 Min.
Bei 8 Stücken pro Stück: ca. 275 kcal

1 Den Backofen auf 220° (Umluft 200°) vorheizen. Das Backblech mit Backpapier auslegen.

2 Die Eier trennen. Die Eiweiße mit dem Salz und 75 g Zucker schnittfest schlagen. Die Eigelbe mit dem restlichen Zucker und dem Vanillezucker schaumig schlagen. Das Mehl mit der Speisestärke auf die Eigelbmasse sieben und mit dem Eischnee darunter ziehen. Den Teig mit einem Teigschaber oder einem breiten Messer gleichmäßig auf das Backblech streichen **(Step 1)** und im heißen Backofen (oben) 8–10 Min. backen. Der Biskuit soll, wenn man mit dem Finger leicht hineindrückt, nicht mehr kleben, aber noch hell und feucht sein.

3 Ein großes feuchtes Küchentuch mit 2 EL Zucker bestreuen und die Biskuitplatte darauf stürzen. Das Backpapier vorsichtig abziehen. Die Teigplatte mit dem Tuch aufrollen, das Tuch dabei mit einrollen **(Step 2)**. Den Biskuit abkühlen lassen.

4 Inzwischen für die Füllung die Sahne mit dem übrigen Zucker steif schlagen und in einen Spritzbeutel füllen. Die Himbeeren waschen, trockentupfen und unter die Sahne mischen.

5 Die Biskuitplatte wieder entrollen und mit der Himbeersahne bestreichen. Dabei einen Rand frei lassen, damit beim Aufrollen nicht zu viel ausläuft. Das Tuch anheben und die Biskuitplatte wieder zusammenrollen **(Step 3)**. Die Roulade mit Puderzucker besieben.

Geschmacksvarianten

Je nach Lust, Laune und Saison können Sie die Füllung der Biskuitroulade immer wieder variieren. Wie wäre es also einmal mit **Erdbeersahne?** Dafür 300 g Erdbeeren waschen, putzen und mit einer Gabel zerdrücken. Saft und abgeriebene Schale von 1 unbehandelten Zitrone untermischen. 400 g Sahne mit ca. 75 g Zucker wie beschrieben steif schlagen. Das Erdbeermus unterheben und die Erdbeersahne auf der Teigplatte verstreichen. Wie beschrieben aufrollen und mit evtl. übriger Erdbeersahne und frischen Erdbeeren garnieren oder mit Puderzucker besieben.
Ohne Erdbeeren wird's sauer und lustig: Für eine **Zitronensahne** die Sahne wie beschrieben mit ca. 75 g Zucker, 3–4 EL Zitronensaft und der abgeriebenen Schale von 1/2 unbehandelten Zitrone steif schlagen. Die Biskuitplatte wie beschrieben mit der Zitronensahne bestreichen, aufrollen und mit Puderzucker besieben.
Gut im Sommer und mit feiner »geistiger« Note: **Pfirsichsahne.** 400 g vollreife Pfirsiche mit einer Gabel mehrmals einstechen, mit kochendem Wasser kurz überbrühen und häuten. Pfirsiche entsteinen, sehr fein hacken und mit 2 EL Orangenlikör beträufeln. 1 Vanilleschote längs aufschlitzen und das Mark herauskratzen. 400 g Sahne mit dem Vanillemark und 2 EL Zucker steif schlagen, Pfirsiche unteheben. Die Biskuitplatte wie beschrieben mit der Sahne bestreichen, aufrollen und für 1 Std. ins Tiefkühlfach stellen. Nach Belieben mit Sahnetupfern und Pfirsichspalten garnieren oder mit Puderzucker besieben.

Süße Rollen Kuchen

Rosenkuchen
Liebesgruß zum Vernaschen

Für 1 Springform von 26 cm Ø:
Für den Hefeteig:
400 g Mehl | 1 Würfel Hefe (42 g)
80 g Zucker | 1/8 l lauwarme Milch
2 Päckchen Vanillezucker | 1 Prise Salz
abgeriebene Schale von
   1/2 unbehandelten Zitrone
100 g weiche Butter
Für die Füllung:
100 g Rosinen | 4 EL Rum
100 g Marzipan-Rohmasse
100 g brauner Zucker
100 g gemahlene Haselnüsse
je 1/4 TL Zimtpulver und gemahlene Nelken
2 Eiweiße
Zum Bestreichen:
3–4 EL Aprikosenmarmelade
Außerdem:
Butter für die Form | Mehl für die Arbeitsfläche

Zubereitungszeit: ca. 50 Min.
Ruhezeit: 1 Std. 10 Min.
Backzeit: ca. 1 Std.
Bei 12 Stücken pro Stück: ca. 400 kcal

1 Für die Füllung die Rosinen waschen, trockentupfen, mit dem Rum beträufeln und zugedeckt beiseite stellen.

2 Für den Teig das Mehl in eine Schüssel sieben und in die Mitte eine Mulde drücken. Die Hefe hineinbröckeln und mit 1 TL Zucker, 4 EL Milch und etwas Mehl vom Rand verrühren. Den Vorteig zugedeckt an einem warmen Ort 20 Min. gehen lassen.

3 Restliche Milch, restlichen Zucker, den Vanillezucker, das Salz, die Zitronenschale und die Butter in kleinen Flöckchen zum Vorteig geben und alles gründlich verkneten. Den Teig nochmals zugedeckt an einem warmen Ort 30 Min. gehen lassen. Inzwischen die Form fetten.

4 Für die Füllung die Marzipan-Rohmasse mit dem braunen Zucker, den Haselnüssen und den Gewürzen verkneten. Die Eiweiße steif schlagen und zusammen mit den Rosinen unter die Marzipanmasse heben.

5 Den Hefeteig auf wenig Mehl durchkneten und zu einem ca. 1/2 cm dicken Rechteck ausrollen. Die Füllung darauf streichen, den Teig von der Längsseite her aufrollen und in ca. 14 Scheiben von ca. 3 cm Dicke schneiden.

6 Die Teig-»Rosen« mit der Schnittfläche nach oben im Kreis in die vorbereitete Form setzen und zugedeckt an einem warmen Ort weitere 20 Min. gehen lassen. Den Backofen auf 200° (Umluft 180°) vorheizen.

7 Den Rosenkuchen im heißen Backofen (Mitte) in ca. 1 Std. goldbraun backen. Wenn er zu stark bräunt, nach ca. 40 Min. Backzeit die Form mit Alufolie abdecken.

8 Die Aprikosenmarmelade in einem kleinen Topf erwärmen. Den fertigen, noch warmen Kuchen mit einem Backpinsel damit bestreichen.

Füllungsvariante
Marzipan ist bekanntlich nicht jedermanns Sache. Wenn Sie den Rosenkuchen einmal ohne zubereiten möchten, mischen Sie die Füllung aus 200 g gemahlenen **Haselnüssen**, 80 g **Zucker**, 1 EL **Vanillezucker**, 8 EL **Milch** und 1 TL ungesüßtem **Kakaopulver**.

Tauschbörse
Wenn's nicht gar so süß sein soll: Lassen Sie die Aprikosenkonfitüre weg und bestreichen Sie die Teig-»Rosen« vor dem Backen stattdessen mit **Kondensmilch**.

Süße Rollen Kuchen

1
2
3

für den Kaffeeklatsch Mohnkranz

Für eine Springform von 22 cm Ø mit Rohreinsatz:
Für den Teig:
1/2 Würfel Hefe (20 g) | 1/8 l lauwarme Milch
125 g Zucker | 2 Eier | 1 Prise Salz
500 g Mehl | 60 g weiche Butter
Für die Füllung:
100 g gemahlener Mohn
1/8 l Milch | 40 g Zucker
1 EL Vanillezucker
Außerdem:
Fett für die Form
Mehl für die Arbeitsfläche

Zubereitungszeit: ca. 40 Min.
Ruhezeit: 1 Std. 30 Min.
Backzeit: ca. 30 Min.
Bei 14 Stücken pro Stück: ca. 260 kcal

1 Die Hefe mit der Milch und 1 TL Zucker verrühren und ca. 15 Min. gehen lassen.

2 Den restlichen Zucker, die Eier und das Salz mit der Hefemilch verrühren. Das Mehl darüber sieben. Die Butter in kleinen Flöckchen dazugeben und alles mischen.

3 Die Teigzutaten mit den Händen oder auf der niedrigsten Stufe mit den Knethaken des elektrischen Handrührgeräts ca. 10 Min. kneten. Den Teig zugedeckt an einem warmen Ort ca. 1 Std. gehen lassen.

4 Inzwischen den Mohn in der Milch aufkochen. Den Zucker und den Vanillezucker dazugeben und nochmals aufkochen. Dann bei schwacher Hitze einige Min. leise weiterkochen und eindicken lassen, bis eine streichfähige Masse entstanden ist.

5 Die Form fetten. Den Teig noch einmal kräftig durchkneten und auf wenig Mehl zu einem Rechteck von ca. 30 x 40 cm ausrollen. Die Mohnmasse darauf verteilen und den Teig von der breiten Seite her aufrollen.

6 Die Rolle mit einem scharfen Messer der Länge nach auseinander schneiden, so dass zwei Stränge entstehen **(Step 1)**. Einen Strang um den anderen schlingen **(Step 2)** und in die vorbereitete Form legen **(Step 3)**. Den Mohnkranz zugedeckt an einem warmen Ort 15 Min. gehen lassen. Inzwischen den Backofen auf 200° (Umluft 180°) vorheizen.

7 Den Mohnkranz im heißen Backofen (Mitte) ca. 30 Min. backen.

Geschmacksvariante

Mit einer Füllung aus 150 g gemahlenen Haselnüssen, 50 g Rosinen, 50 g Sultaninen, 50 g Zucker, 1 Ei und 1 TL Vanillezucker verwandeln Sie den Mohnkranz in einen ebenso feinen und saftigen **Nusskranz**. Den Sie nach dem Backen und etwas ausgekühlt mit einer **Glasur** aus 60 g Puderzucker, 3 TL Zitronensaft und 1 Msp. Zimtpulver krönen können.

Minivariante

Ob mit Mohn oder Haselnüssen gefüllt – ist der Teig erst einmal aufgerollt, können Sie ganz spontan auf **Hefeschnecken** umschwenken: Die Teigrolle in ca. 2 cm dicke Scheiben schneiden und auf ein mit Backpapier belegtes Blech setzen. Die Schnecken mit einem sauberen Küchentuch bedeckt an einem warmen Ort ca. 15 Min. gehen lassen. Inzwischen den Backofen auf 200° (Umluft 180°) vorheizen. Die Schnecken im heißen Backofen (Mitte) ca. 15 Min. backen. Auf einem Kuchengitter auskühlen lassen und mit der im obigen Tipp beschriebenen Glasur bestreichen. Bei den Mohnschnecken lassen Sie für die Glasur den Zimt einfach weg.

Register Rezepte und Hauptzutaten

A
Apfelstrudel 107
Aprikosen: Speckaprikosen (Variante) 32
Auberginen: Türkische Auberginenröllchen 55
Avocado: Guacamole (Tipp) 89

B
Bananen: Bananen in Reispapier 103
Batavia-Fisch-Röllchen 21
Beilagen
 Grießschnecken 66
 Kartoffelviertel (Tipp) 65
 Wickelklöße 67
Biskuitroulade mit Erdbeersahne (Variante) 119
Biskuitroulade mit Himbeersahne 119
Biskuitroulade mit Pfirsichsahne 119
Biskuitroulade mit Zitronensahne 119
Blätterteig
 Blätterteigrouladen 43
 Gerollter Parmaschinken 36
 Pikante Sesambonbons 41
 Filet im Blätterteig 63
 Würstchen im Schlafrock 62
Bohnen
 Bohnensalat mit Matjes 19
 Hähnchen-Enchiladas 84
 Tacos mit Fleischfüllung 83
 Tunfisch-Bohnen-Wraps 93
Braten
 Filet im Blätterteig 63
 Rinderrollbraten mit Kräutern 65
 Rollbraten (Tipp) 65
Brotkringel, italienische 41
Bulgur: Lamm-Bulgur-Röllchen 61
Burritos mit Gemüsefüllung 89

C
Camembert: Eichblattsalat mit Walnuss-Käse-Talern 17
Cannelloni
 Cannelloni 49
 Cannelloni mit Ricotta 49
 Krautrollen 51
Chinesische Frühlingsrollen 27
Chinesische Spinatröllchen 54
Crêpes-Spargel-Rollen 99
Crespelle mit Spinat 97
Curry-Hähnchen-Wraps 95

E
Eichblattsalat mit Walnuss-Käse-Talern 17
Eierkuchen mit Kokosfüllung 103
Eingelegte Rotweinheringe 39
Enchiladas mit Käse 87
Entenbrust einkaufen (Tipp) 71
Entenbrust im Rotkohlblatt 71
Erdbeertütchen 110

F
Filet im Blätterteig 63
Fisch
 Batavia-Fisch-Röllchen 21
 Bohnensalat mit Matjes 19
 Chinesische Frühlingsrollen (Variante) 27
 Eingelegte Rotweinheringe 39
 Kabeljau in Bananenblättern 74
 Lachs in der Lauchrolle 77
 Lachswraps 93
 Maki-Sushi mit Heilbutt 79
 Nigiri-Sushi mit Tunfisch 81
 Radicchiosalat mit Lachs 20
 Rotbarsch in Wirsing 75
 Sardinenspieße 73
 Schwertfischrouladen 73
 Tunfisch-Bohnen-Wraps 93
Frischkäse
 Eichblattsalat mit Walnuss-Käse-Talern 17
 Paprikaröllchen 31
 Putenrouladen mit Kräuterfrischkäse (Variante) 69
Frühlingsrollen, Chinesische 27

G
Garnelen
 Chinesische Frühlingsrollen 27
 Crêpes-Spargel-Rollen 99

Gebäck
 Hefeschnecken (Variante) 123
 Italienische Brotkringel 41
 Nussbeugel 109
 Nusshörnchen (Tipp) 109
 Pikante Sesambonbons 41
 Rosinenschnecken 113
 Schinkenhörnchen 45
 Schokocroissants 116
 Schokostäbchen 117
 Schweinsöhrchen 113
 Zimtkugeln (Tipp) 115
 Zimtspiralen 115
 Zwiebelschnecken 45
Geflügel
 Chinesische Frühlingsrollen (Variante) 27
 Curry-Hähnchen-Wraps 95
 Entenbrust im Rotkohlblatt 71
 Hähnchen-Enchiladas 84
 Putenrouladen indisch 69
 Putenrouladen mit Kräuterfrischkäse (Variante) 69
 Puten-Sum mit süß-saurer Sauce 29
Gefüllte Hackröllchen 35
Gefüllte Lachsröllchen 35
Gefüllte Weinblätter 31
Gemüse
 Burritos mit Gemüsefüllung 89
 Chinesische Spinatröllchen 54
 Gemüse-Wraps 90
 Reisblätter mit Tofu-Gemüse-Füllung 25
 Türkische Auberginenröllchen 55
 Gerollter Parmaschinken 36
 Glühwein (Tipp) 115
 Grießschnecken 66
 Guacamole (Tipp) 89

H
Hackfleisch
 Cannelloni 49
 Hack-Palatschinken 99
 Hackröllchen, gefüllte 35

Kabeljau in Bananenblättern 74
Kohlrouladen (Variante) 53
Krautwickel 53
Lamm-Bulgur-Röllchen 61
Smyrna-Würstchen, griechische
   (Variante) 61
Hähnchen-Enchiladas 84
Hollywoodhippen 111

Italienische Brotkringel 41
Italienische Kalbsröllchen 57

Kabeljau in Bananenblättern 74
Kalbfleisch
   Blätterteigrouladen 43
   Kalbsröllchen in Zitronenrahm 57
   Italienische Kalbsröllchen 57
   Rinderrollbraten mit Kräutern 65
Kartoffeln
   Kraut-Schupfnudeln 51
   Wickelklöße 67
Kasseler im Brotteig 6
Knusprige Spargelstangen 42
Kokos: Eierkuchen mit
   Kokosfüllung 103
Kraut-Schupfnudeln 51
Krautrollen 51
Krautwickel 53

Lachs
   Lachs einkaufen (Tipp) 77
   Lachs in der Lauchrolle 77
   Lachsröllchen, gefüllte 35
   Lachswraps 93
   Radicchiosalat mit Lachs 20
   Zucchini mit Tomaten-
      vinaigrette 33
Lamm-Bulgur-Röllchen 61
Lauch: Lachs in der Lauchrolle 77

Maki-Sushi mit Heilbutt 79
Marinierte Zucchinihäppchen 39
Mascarpone
   Schweinerouladen mit
      Käsefüllung 59
   Tomatensuppe mit
      Mascarpone 23
Matjes
   Bohnensalat mit Matjes 19
   Eingelegte Rotweinheringe 39
Möhren
   Gerollter Parmaschinken 36
   Lachs in der Lauchrolle 77
   Mohnkranz 123
Mozzarella
   Knusprige Spargelstangen 42
   Marinierte Zucchinihäppchen 39
   Mozzarella im Speckmantel 37
   Schweinerouladen mit
      Käsefüllung 59

Nigiri-Sushi mit Tunfisch 81
Nudeln
   Cannelloni 49
   Cannelloni mit Ricotta 49
   Krautrollen 51
   Kraut-Schupfnudeln 51
Nüsse
   Hefeschnecken (Variante) 123
   Nussbeugel 109
   Nusshörnchen (Tipp) 109
   Mohnkranz (Variante) 123
   Rosenkuchen (Variante) 121

Paprika: Paprikaröllchen 31
Parmaschinken
   Knusprige Spargelstangen 42
   Mozzarella im Parmaschinken
      (Variante) 37
   Parmaschinken, gerollter 36
Pesto-Wraps mit Schinken 94
Pfannkuchen/Crêpes (Tipp) 97
   Crêpes-Spargel-Rollen 99
   Crespelle mit Spinat 97
   Hack-Palatschinken 99
   Topfenpalatschinken 105
Pflaumen: Speckpflaumen 32
Pikante Sesambonbons 41
Puten-Sum mit süß-saurer
   Sauce 29
Putenrouladen indisch 69

Quark/Topfen
   Krautrollen 51
   Rosinenschnecken 113
   Schweinsöhrchen 113
   Topfenpalatschinken 105

Radicchiosalat mit Lachs 20
Reispapierblätter
   Bananen in Reispapier 103
   Reisblätter mit Tofu-Gemüse-
      Füllung 25
   Puten-Sum mit süß-saurer
      Sauce 29
Ricotta: Cannelloni mit Ricotta 49
Rindfleisch
   Rinderrollbraten mit Kräutern 65
   Rinderrouladen 58
   Tacos mit Fleischfüllung 83
   Temaki-Sushi mit Rind 81
   Tex-Mex-Wraps 91
Rosenkuchen 121
Rosinenschnecken 113
Rotbarsch in Wirsing 75
Rotkohl: Entenbrust im Rotkohl-
   blatt 71
Rotweinheringe, eingelegte 39

Salate
   Bohnensalat mit Matjes 19
   Eichblattsalat mit Walnuss-Käse-
      Talern 17
   Radicchiosalat mit Lachs 20
   Tomatensalat 19
Sardinenspieße 73
Sauerkraut
   Krautrollen 51
   Kraut-Schupfnudeln 51
Schafkäse
   Marinierte Zucchinihäppchen 39
   Paprikaröllchen 31
   Schafkäse in der Lauchrolle
      (Variante) 77
   Tomatensalat 19
   Türkische Auberginenröllchen 55

125

Schinken
  Pesto-Wraps mit Schinken 94
  Schinkenhörnchen 45
Schokolade
  Schokocroissants 116
  Schokostäbchen 117
Schweinefleisch
  Chinesische Frühlingsrollen 27
  Filet im Blätterteig 63
  Schweinerouladen mit Käsefüllung 59
  Schweinsöhrchen 113
  Schwertfischrouladen 73
  Sesambonbons, pikante 41
  Smyrna-Würstchen (Variante) 61
Spargel
  Crêpes-Spargel-Rollen 99
  Knusprige Spargelstangen 42
Speck
  Krautrollen 51
  Mozzarella im Speckmantel 37
  Rinderrouladen 58
  Speckaprikosen (Variante) 32
  Speckpflaumen 32
  Zwiebelschnecken 45
Spinat
  Crespelle mit Spinat 97
  Spinatröllchen, chinesische 54
Sushi
  Maki-Sushi mit Heilbutt 79
  Nigiri-Sushi mit Tunfisch 81
  Sushi-Reis 79
  Temaki-Sushi mit Rind 81

Tacos mit Fleischfüllung 83
Tapas-Tafel (Tipp) 32
Temaki-Sushi mit Rind 81
Tequila Sunrise (Tipp) 87
Tex-Mex-Wraps 91
Tofu
  Chinesische Spinatröllchen 54
  Reisblätter mit Tofu-Gemüse-Füllung 25
  Tofu aufpeppen (Tipp) 25
Tomaten
  Cannelloni 49
  Cannelloni mit Ricotta 49
  Enchiladas mit Käse 87
  Reisblätter mit Tofu-Gemüse-Füllung 25
  Schweinerouladen mit Käsefüllung 59
  Tomatensalat 19
  Tomatensauce, kalte (Tipp) 89
  Tomatensuppe mit Mascarpone 23
  Tomatensalat 19
  Türkische Auberginenröllchen 55
  Zucchini-Enchiladas 85
  Zucchini mit Tomatenvinaigrette 33
Topfenpalatschinken 105
Tortillas
  Burritos mit Gemüsefüllung 89
  Curry-Hähnchen-Wraps 95

Enchiladas mit Käse 87
Gemüse-Wraps 90
Hähnchen-Enchiladas 84
Lachswraps 93
Pesto-Wraps mit Schinken 94
Tacos mit Fleischfüllung 83
Tex-Mex-Wraps 91
Tunfisch-Bohnen-Wraps 93
Zucchini-Enchiladas 85
Weizentortillas 83
Tunfisch-Bohnen-Wraps 93
Türkische Auberginenröllchen 55

V/W
Vanillesauce (Tipp) 105
Weinblätter, gefüllte 31
Weizentortillas 83
Wickelklöße 67
Wirsing: Rotbarsch in Wirsing 75
Würstchen im Schlafrock 62

Z
Zimt
  Zimtkugeln (Variante) 115
  Zimtspiralen 115
Zucchini
  Zucchini-Enchiladas 85
  Zucchinihäppchen, marinierte 39
  Zucchini mit Tomatenvinaigrette 33
  Zwiebelschnecken 45

Saucen & Dips auf einen Blick

Chili-Bohnen-Creme 47

Chili con Queso 47

Guacamole (Tipp) 89

Karamellsauce 103

Kräutersauce, würzige (Tipp) 91

Salsa verde 47

Süß-sauer-scharfe Sauce (Variante) 29

Süß-saure Sauce 29

Tomaten-Erdnuss-Sauce 25

Tomatensauce 47

Tomatensauce, kalte (Tipp) 89

Tomatenvinaigrette 33

Vanillesauce (Tipp) 105

GU EINFACH CLEVER
Aktuelle Themen zu super Preisen

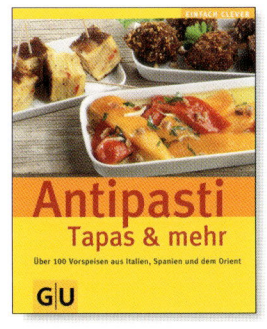

ISBN 3-7742-6621-2

ISBN 3-7742-6897-5

ISBN 3-7742-6622-0

ISBN 3-7742-5463-X

ISBN 3-7742-6163-6

ISBN 3-7742-6162-8
128 Seiten, 9,90 € [D]

Warum die Hardcoverreihe ist, wie sie heißt:
- *rund 100 Rezepte zum Minipreis*
- *Zutaten-Tauschbörsen und Blitz- und Luxusvarianten für flexibles Kochen*
- *viele bebilderte Info-Baukästen mit allem Wissenswerten rund ums Thema*

Änderungen und Irrtum vorbehalten.

G|U

Willkommen im Leben.

Impressum

Die Autoren
Miranda Alberti, Adelheid Beyreder, Thidivadee Camsong, Erika Casparek-Türkkan, Dagmar v. Cramm, Rosemarie Donhauser, Reinhardt Hess, Angelika Ilies, Doris Muliar, Margit Proebst, Gudrun Ruschitzka, Bernd Schiansky, Cornelia Schinharl, Regine Stroner, Marlisa Szwillus, Kim Lan Thai

Die Fotografin
Margarete Janssen arbeitet als freie Fotografin für Werbung und Verlage. Spezialisiert auf Stillife-Fotografie, gehören Food-Aufnahmen zu einem ihrer Lieblingsthemen. Für dieses Buch setzte sie die »tollen Rollen« auf Büfett, Tisch und Kaffeetafel stimmungsvoll ins Bild. Für das passende Styling sorgte **Vera Tradati**, Foodstylistin und leidenschaftliche Köchin. Mit viel Sinn für Formen und Farben und großer Liebe zur guten Küche inszenierte sie die Gerichte für dieses Buch.

Bildnachweis
Titelbild: Studio L'EVEQUE Food Fotografie, Harry Bischof und Tanja Major (Food & Styling); alle anderen: Margarete Janssen

Vielen Dank!
Ein herzliches Dankeschön geht an die Firmen **Arzberg, Dibbern, Gaggenau, Habitat, Rob. Herder-Mühlenmesser, Lambert, C. Hugo Pott, Riedel** und **Safranhouse Düsseldorf**, aus deren Programm sich unsere Fotografin bedienen durfte.

© 2005 GRÄFE UND UNZER VERLAG GmbH, München
Alle Rechte vorbehalten. Nachdruck, auch auszugsweise, sowie Verbreitung durch Film, Funk, Fernsehen und Internet, durch fotomechanische Wiedergabe, Tonträger und Datenverarbeitungssysteme jeglicher Art nur mit schriftlicher Genehmigung des Verlags.

Programmleitung: Doris Birk

Leitende Redakteurin: Birgit Rademacker

Konzept und Redaktion: Alessandra Redies

Text: Doris Muliar, Alessandra Redies

Lektorat: Nicole Schmidt-Biermann

Korrektorat: Stefanie Doll

Layout »Einfach clever«, Typographie und Umschlaggestaltung: Thomas Jankovic, GF von engels verlagsbüro in München, Gestalter erfolgreicher Buchserien mit besonderem Gusto auf alles, was Genießern Spaß macht – wie dieses Tolle-Rollen-Buch.

Satz: Knipping Werbung GmbH, München

Herstellung: Petra Roth

Reproduktion: Penta Repro, München

Druck und Bindung: Kaufmann, Lahr

Das Original mit Garantie

IHRE MEINUNG IST UNS WICHTIG. Deshalb möchten wir Ihre Kritik, gerne aber auch Ihr Lob erfahren, um als führender Ratgeberverlag für Sie noch besser zu werden. Darum: Schreiben Sie uns! Wir freuen uns auf Ihre Post und wünschen Ihnen viel Spaß mit Ihrem GU-Ratgeber.

UNSERE GARANTIE: Sollte ein GU-Ratgeber einmal einen Fehler enthalten, schicken Sie uns bitte das Buch mit einem kleinen Hinweis und der Quittung innerhalb von sechs Monaten nach dem Kauf zurück. Wir tauschen Ihnen den GU-Ratgeber gegen einen anderen zum gleichen oder einem ähnlichen Thema um.

Ihr GRÄFE UND UNZER VERLAG
Redaktion Kochen & Verwöhnen
Postfach 86 03 25
81630 München
Fax: 089/41981-113
e-mail: leserservice@graefe-und-unzer.de

ISBN	3-7742-6898-3			
Auflage	5. 4.	3.	2.	1.
Jahr	2009 08	07	06	05

Ein Unternehmen der
GANSKE VERLAGSGRUPPE

from the
SCHARINGER'S
bon appetite!

Maj. Helmut Scharinger